do desenho ao mapa

iniciação cartográfica na escola

COLEÇÃO

do desenho ao mapa

iniciação cartográfica na escola

rosângela doin de almeida

Copyright © 2001 Rosângela Doin de Almeida
Todos os direitos desta edição reservados à
Editora Contexto (Editora Pinsky Ltda.)

Preparação de textos
Camila Kintzel

Revisão
Sandra Regina de Souza/Texto & Arte Serviços Editoriais

Diagramação
José Luis Guijarro

Projeto e montagem de capa
Antonio Kehl

Dados Internacionais de Catalogação na Publicação (CIP)
(Câmara Brasileira do Livro, SP, Brasil)

Almeida, Rosângela Doin de.
Do desenho ao mapa : iniciação cartográfica na escola /
Rosângela Doin de Almeida. 5. ed., 4ª reimpressão. –
São Paulo : Contexto, 2024. – (Caminhos da Geografia).

Bibliografia.
ISBN 978-85-7244-170-4

1. Cartografia. 2. Desenhos infantis. 3. Geografia (ensino
fundamental). 4. Mapas. 5. Percepção espacial. I. Título. II. Série

01-1874 CDD-372.891

Índices para catálogo sistemático:
1. Cartografia: Ensino fundamental 372.891
2. Espaço: Representação: Ensino fundamental 372.891
3. Mapas: Ensino fundamental 372.891
4. Representação espacial: Ensino fundamental 372.891

2024

Editora Contexto
Diretor editorial: *Jaime Pinsky*

Rua Dr. José Elias, 520 – Alto da Lapa
05083-030 – São Paulo – SP
PABX: (11) 3832 5838
contato@editoracontexto.com.br
www.editoracontexto.com.br

Proibida a reprodução total ou parcial.
Os infratores serão processados na forma da lei.

"Pensando bem, um mapa é algo impossível", disse Mathew (um comandante de navio), "porque transforma algo elevado em algo plano."

Sten Nadolny, *A descoberta da lentidão.* Ed. Rocco.

Para Adriano que me incentivou, com paciência e afeto, a escrever este livro.

SUMÁRIO

Mapa de criança 9

O que é um mapa? 13

A representação espacial e o ensino do mapa 17

Desenho de crianças 23

A criança e o espaço 35

Mapa do corpo 43

Localização e orientação 51

Um pouco de Piaget 59

A projeção no plano 75

Uma questão de proporção 91

Do desenho ao mapa 99

Bibliografia 113

MAPA DE CRIANÇA

Em um encontro de professores de Geografia, em 1990, fui abordada por uma senhora muito simpática, professora primária da cidade de Barretos. Ela trazia uma pasta contendo trabalhos de seus alunos da 4ª série. Abriu a pasta com entusiasmo e mostrou-me desenhos e textos produzidos pelas crianças durante atividades que ela havia elaborado após ler o "livro cor-de-rosa"*, recém-lançado. Em pé, apoiei o material sobre uma mureta e comecei a analisar os desenhos. Deparei-me com um que me pareceu espetacular. Pedi para fazer uma cópia. Diante de meu interesse, a professora deixou-o comigo, dizendo que me procuraria no dia seguinte. Não me lembro do nome dessa professora, que nunca mais encontrei, ficando com o desenho original até hoje.

O que havia de tão interessante naquele desenho? Infelizmente, na folha faltavam nome e idade. Não sei se foi feito por um menino ou por uma menina, nem sei sua idade. Segundo a professora, os alunos realizaram um *estudo do meio* do bairro onde está a escola. Andaram por tudo, escrevendo ou desenhando o que viam. Anotaram as casas de cada lado das ruas e o que acharam mais interessante. Depois, em sala de aula, cada um escreveu um texto e elaborou um desenho *como se fosse um mapa*, para localizar a escola no bairro. Eis porque este desenho é especialmente interessante.

Parece-me que desenhar o "mapa" do bairro mobilizou o pensamento do aluno para buscar formas de traçar o bairro, *não como era*

---

* *O Espaço geográfico: ensino e representação*, escrito em coautoria com Elza Y. Passini, publicado em 1989, pela Editora Contexto.

visto durante o percurso, mas como deveria ser *representado* para parecer um mapa. Os traços que evocam ruas, casas, árvores... permitem pensar onde o aluno se encontrava com relação ao domínio da representação espacial. Interpretar o desenho sob esta ótica reveste o ensino de mapas de um caráter muito diferente daquele comumente impresso às atividades propostas aos alunos. (A professora de Barretos, por ter dito que o desenho deveria situar a escola no bairro, já estabeleceu um desafio maior do que a simples solicitação de desenhar o bairro; penso que sua intenção foi levar o aluno a elaborar um mapa.) Mas o caráter "diferente" que atribuo ao ensino de mapas é dado pelo conhecimento sobre a *representação do espaço pela criança* e suas implicações para o desenvolvimento de *habilidades espaciais* e o ensino de *conceitos cartográficos*. Assim, com o auxílio de teorias sobre a representação do espaço pela criança, foi possível ver no desenho em questão traços que o colocam em um nível avançado.

Essas teorias, no entanto, não pertencem à tradição dos currículos dos cursos de formação de professores e só recentemente passaram a figurar no currículo do ensino fundamental.

Tenho observado, nos últimos anos, que os professores apropriaram-se de práticas destinadas ao ensino de mapas, como fazer maquetes, analisar fotografias a partir de diferentes pontos de vista, medir distâncias, calcular escalas e identificar pontos cardeais, apenas para dar alguns exemplos. Essas práticas visam a ensinar os elementos do *mapa do adulto*, aquele mapa que se usa na aula de Geografia. Mapas que representam o espaço terrestre, em escala, por meio de uma malha de coordenadas de grande precisão (as coordenadas geográficas), de projeções cartográficas e se utilizando simbologia convencional.

Mas, nas aulas em que os professores ensinam a respeito de mapas, não percebo como os conhecimentos elaborados pelo aluno são levados em conta, porque nelas ainda persistem tarefas fragmentadas, durante as quais os avanços e dificuldades dos alunos pouca consequência têm nas etapas subsequentes. A natureza das tarefas apresentadas também não garante que se atinja o que é proposto. Por exemplo, pede-se para o aluno calcular distâncias com a finalidade de verificar se ele sabe escala. Neste caso, os erros podem decorrer de dificuldades em calcular e não do domínio da noção de escala. Há, portanto, confusão entre as tarefas propostas e os conceitos a serem aprendidos.

Os *mapas das crianças* trazem elementos do pensamento infantil, são representações de seu modo de pensar o espaço, as quais persistem mesmo que, na escola, as crianças tenham entrado em contato com conteúdos relativos aos "mapas dos adultos". Conhecer como as crianças percebem e representam o espaço pode auxiliar muito o trabalho docente. Especialmente na preparação de atividades de ensino que contribuam para a aquisição gradativa de diferentes modos de representação espacial, cada vez mais próximos daqueles dos adultos.

Portanto, as *práticas* no ensino de mapas poderão legitimar-se se estiverem sob a luz de *fundamentos teóricos* e se permitirem aproximações críticas entre esses modos de fazer mapas.

Neste livro, proponho-me a apresentar atividades para o ensino de mapas, a partir de uma discussão teórica sobre a representação do espaço por crianças.

Antes, como desafio, convido o leitor para observar o desenho que tanto me impressionou. E pergunto: é um mapa?

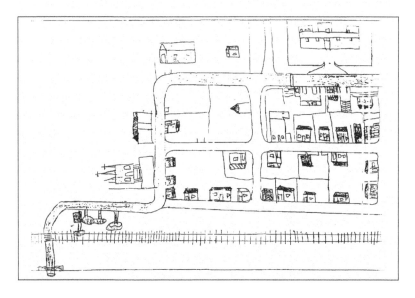

O QUE É UM MAPA?

Para os cartógrafos, o mapa é uma representação da superfície da Terra, conservando com esta relações matematicamente definidas de redução, localização e de projeção no plano. Sobre um mapabase, assim obtido, pode-se representar uma série de informações, escolhidas por interesses ou necessidades das mais diversas ordens: política, econômica, militar, científica, educacional etc. Os mapas encontrados em guias, jornais, revistas, livros didáticos e atlas resultam de uma história de estudos teóricos, de informação e técnica. A cartografia moderna, apoiada no crescente avanço tecnológico, tem produzido mapas cada vez mais precisos. Entretanto, não foi sempre assim. Os conhecimentos cartográficos foram construídos ao longo de séculos, desde, pelo menos, a Antiguidade Clássica. Um rápido estudo da história da cartografia é suficiente para que se perceba que a produção de mapas com referências e traçados mais precisos é uma conquista recente.

Além disso, a elaboração dos mapas não é determinada apenas pela técnica; os mapas expressam ideias sobre o mundo, criadas por diversas culturas em épocas diferentes. A produção cartográfica sempre esteve ligada a interesses políticos e militares, influências religiosas e mesmo a questões práticas, como, por exemplo, a navegação. Os mapas, portanto, só podem ser devidamente compreendidos se vistos no contexto histórico e cultural em que foram produzidos, o que significa entender também os limites técnicos de cada época, evitando o equívoco de confundir essas limitações com intenções políticas.

Apenas para exemplificar, vou retomar rapidamente a construção histórica das coordenadas geográficas. Por volta do século IV a.C., na

Grécia, já se admitia a esfericidade da Terra, embora não se saiba quem concebeu esta ideia primeiro (ela é atribuída a Pitágoras ou Parmênides). Porém, ainda os gregos defendiam que o mundo habitável era de forma oblonga, com o eixo leste-oeste tendo o dobro do comprimento do eixo norte-sul. Eratóstenes (276-196 a.c.) construiu um mapa da Terra no qual traçou sete paralelos e diversos meridianos. O sistema de coordenadas surgiu a partir da observação do céu e do movimento dos astros. Os gregos antigos observaram que a trajetória do Sol descrevia uma declinação no céu, de maneira que havia um limite para as terras nas quais o Sol ficava a pino no verão. Esse limite foi demarcado por uma linha: o trópico. Além do conceito de trópico, os gregos estabeleceram os de equador e polos, e ainda dividiram a superfície terrestre em zonas tórridas, temperadas e frias.

O mapa-múndi mais completo da Antiguidade foi feito por Ptolomeu. Em sua obra *Geografia*, composta por oito volumes, ele tratou das técnicas de construção de projeções e de globos, construiu um planisfério e 26 mapas mais detalhados. Nessa obra, relacionou os nomes de oito mil lugares, com as respectivas latitudes e longitudes, o que constituiu uma inovação, uma vez que, em outras obras da época, essas medidas eram citadas em separado. Seu trabalho chegou até nós por meio de cópias, sendo as mais antigas dos séculos XII e XIII. Durante a Idade Média a obra de Ptolomeu praticamente desapareceu da Europa, mas os árabes a copiaram e estudaram – foi a partir dessas cópias que, por volta do século XIV, a Europa retomou a obra de Ptolomeu.

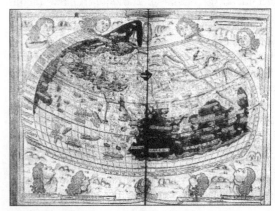

O planisfério de Ptolomeu.

Mapa-múndi TO, século XII. (DREYER-EIMBCKE, O. *O descobrimento da Terra; história e histórias da aventura cartográfica.* São Paulo: EDUSP/Melhoramentos. 1992. p. 48).

A produção cartográfica dos gregos esteve fortemente ligada aos estudos de matemática e geometria, preocupação ausente nos mapas da Idade Média, quando já não se admitia a esfericidade da Terra. Os mapas "T em O" eram dominados pelo imaginário sobrenatural religioso, e não tinham compromisso com a representação da realidade, mas sim com as ideias propagadas pela Igreja. Ao contrário do mapa de Ptolomeu, esses mapas mostravam um mundo imutável, não possibilitando a busca de novos descobrimentos. Mesmo com a resistência da Igreja, os "T em O" foram vagarosamente substituídos por mapas mais adequados à nova imagem do mundo que começava a se delinear devido a fatores como a invasão dos mongóis no século XIII e a viagem de Marco Polo à China, Vietnã, Malásia e ao Ceilão, no final do mesmo século.

Na segunda metade do século XIII, surgiram as *cartas portulanas*, elaboradas, provavelmente, por navegadores de Gênova. Também conhecidas como *portulanos*, representavam a região do Mar Mediterrâneo e do Mar Negro. Eram orientadas para o norte magnético e apresentavam um minucioso sistema de rosa dos ventos e de rumos, com a finalidade de orientar o navegante no estabelecimento de sua rota com o uso da bússola.

Em 1569, Mercator terminou seu famoso planisfério, uma superação da imagem bíblica do mundo. Retomando a ideia da Terra esférica, ele construiu uma projeção do globo terrestre sobre uma superfície plana, na qual paralelos e meridianos aparecem como linhas retas. O mapa de Mercator é também uma superação do mapa de Ptolomeu, pois as navegações do século XVI forneceram informações sobre áreas remotas antes desconhecidas, e também exigiram mapas mais precisos. Legado dos gregos, o sistema de coordenadas constitui-se, portanto, na base para a construção dos mapas modernos.

Hoje, o uso de imagens de satélite, GPS e avançados sistemas de informação possibilitam produzir mapas com alta precisão. Diante das figuras presentes nos meios de comunicação (imagens obtidas a partir do espaço e fotos aéreas), dizemos: "vemos a Terra como ela é". Os mapas atuais trazem a mesma ideia: não podem conter erros nem omissões. São produtos de um mundo que tem na tecnologia um de seus traços essenciais. Esses mapas constroem e, ao mesmo tempo, revelam a atual imagem de mundo dominante.

Resumindo, ao ensinar sobre mapas na escola, é preciso considerar que:

a) Os mapas são produzidos a partir da definição de uma malha de coordenadas que garantem a localização precisa de qualquer ponto sobre a Terra;

b) Os mapas resultam da redução da área representada, a qual é definida por uma proporção expressa na escala, geralmente, de forma linear (há mapas que trazem indicação de escala de área);

c) Os mapas são obtidos com a projeção das três dimensões do espaço sobre o plano do papel, o que pressupõe a planificação da esfera terrestre, a partir de relações matemáticas que dependem do tipo de projeção cartográfica usada. A variação das altitudes e formas de relevo são projetadas por meio das curvas de nível;

d) Sobre o mapa-base são feitos mapas temáticos, utilizando-se um sistema de signos que representam a informação espacial.

Apesar da alta tecnologia atualmente envolvida na produção cartográfica, o ensino e o uso de mapas na escola têm suas necessidades definidas a partir das funções que esse tipo de conhecimento possa ter na formação dos cidadãos.

A REPRESENTAÇÃO ESPACIAL E O ENSINO DO MAPA

A geografia na atualidade fundamenta-se no reconhecimento da reorganização do espaço, em todo o mundo, como reflexo das relações de produção do pós-guerra. Segundo Milton Santos, as novas formas produtivas exigem um conteúdo importante de ciência e técnica, assim como de informação, veiculadas amplamente pelos novos meios de informação.

Assim, recursos que possibilitam representar essas transformações constituem uma chave para o pensamento crítico sobre o espaço. Entre tais recursos está a linguagem dos mapas. O indivíduo que não consegue usar um mapa está impedido de pensar sobre aspectos do *território* que não estejam registrados em sua memória. Está limitado apenas aos registros de imagens do espaço vivido, o que o impossibilita de realizar a operação elementar de situar localidades desconhecidas.

Há, portanto, uma implicação direta do que foi colocado para a educação: o ensino de mapas e de outras formas de representação da informação espacial é importante tarefa da escola. É função da escola preparar o aluno para compreender a organização espacial da sociedade, o que exige o conhecimento de técnicas e instrumentos necessários à representação gráfica dessa organização.

A *Proposta Curricular para o Ensino de Geografia do Estado de São Paulo* colocou a questão nos seguintes termos:

A territorialidade implica a localização, a orientação e a representação dos dados socioeconômicos e naturais, que contribuem para a compreensão da totalidade do espaço. (...)

Localização/orientação/representação são, portanto, conhecimentos/ habilidades integrantes do processo de trabalho e são utilizados de forma diferenciada, já que o trabalho também é diferenciado de acordo com a organização da sociedade.

Os *Parâmetros Curriculares Nacionais* têm na "Cartografia – como instrumento na aproximação dos lugares e do mundo" um dos eixos de trabalho no 3º Ciclo. Apesar do destaque que esse documento deu à Cartografia ser um avanço, cabe dizer que se cometeu o mesmo equívoco encontrado em livros didáticos, ou seja, concentrar o assunto em um único tópico do programa curricular, como se a representação pudesse ser separada dos conteúdos representados.

No ensino fundamental, os *conhecimentos/habilidades de representação espacial* devem ser desenvolvidos e aprofundados desde o 1º até o 4º ciclo, na medida em que são inerentes aos estudos da geografia. Na verdade, são habilidades ligadas à leitura e à escrita, no sentido amplo de *leitura e compreensão do mundo*. Ler e escrever, em Geografia, exige domínio da linguagem cartográfica.

O aluno da escola fundamental, para chegar à representação do espaço com a finalidade de realizar estudos geográficos, precisa se dar conta dos problemas que os cartógrafos encontraram ao elaborar os mapas. Não se trata de voltar séculos na técnica de representação da Terra, mas de permitir ao aluno deparar-se com problemas com os quais, até hoje, os cartógrafos se defrontam: sistema de localização, projeção, escala e simbologia.

No entanto, sabe-se que, na escola, o uso de mapas tem se restringido, na maior parte dos casos, apenas a ilustrar ou mostrar onde as localidades ou ocorrências estão. Por outro lado, a formação do cidadão não é completa se ele não domina a linguagem cartográfica, se não é capaz de usar um mapa.

Geralmente, o aluno não tem domínio do todo espacial e usa *pontos de referência elementares* para localização e orientação. A passagem para o domínio de *referenciais geográficos* e a elaboração de mapas iniciais deve ser gradativa e pode realizar-se por meio de atividades que o levem a vivenciar técnicas de representação espacial.

Nesse sentido, o uso de maquetes tem servido como forma inicial de representação, a qual permite discutir questões sobre localização, projeção (perspectiva), proporção (escala) e simbologia. Ao elaborarem as maquetes da sala de aula, da escola, do bairro, os alunos podem pensar também nos *porquês dos elementos estarem em determinados lugares.*

O uso da maquete permite a operação de fazer sua projeção sobre o papel e discutir essa operação do ponto de vista cartográfico, o que envolve: representar em duas dimensões o espaço tridimensional, representar toda a área sob um só ponto de vista e guardar a proporcionalidade entre os elementos representados.

Assim, a passagem para o *mapa geográfico* será mais fácil, pois o aluno tem como ponto de partida uma redução tridimensional de uma área conhecida, que foi trabalhada geograficamente e que, num momento posterior, será mapeada. É a partir da solução de problemas desse tipo que o aluno poderá se dar conta de relações espaciais mais complexas.

Além dessas questões metodológicas, é necessário considerar como as sociedades construíram formas de apreensão e representação de elementos espaciais, o que está ligado à evolução histórica das conquistas e da dominação dos povos. A História da Cartografia mostra como os homens criaram meios para representar o território de forma cada vez mais aprimorada. A evolução das técnicas de representação teve como base a concepção de referenciais espaciais de localização e orientação, bem como da forma, dimensões e movimentos da Terra.

Os mapas antigos retratavam não só os aspectos da área representada mas, principalmente, como o espaço era visto conceitualmente. A presença de diversos pontos de vista de uma cidade, em um mapa, pode indicar a dificuldade de se conceber a projeção da mesma a partir de um único ponto de vista. Na figura a seguir, os elementos foram representados vistos de frente, o que exigiu do mapeador a inversão da posição de alguns elementos que aparecem de lado e de ponta-cabeça, como a casa no canto inferior direito. As crianças apresentam dificuldades semelhantes a essa ao representarem o espaço.

Extraído de BROWN, L.A. *The Story of Maps*, N.Y.: Dover Pub., Inc., p. 2.

Os estudos de L. S. Vygotski mostram que o surgimento da fala nas crianças leva-as a desenvolverem uma nova organização estrutural da ação. Ele atribui à atividade simbólica iniciada com a fala uma função organizadora que produz formas fundamentalmente novas de comportamento. Há uma convergência entre a fala e a atividade prática (ação), de tal forma que a criança, antes de controlar seu próprio comportamento, controla o ambiente com o uso da fala. Há uma relação entre tempo, espaço e a fala. A criança, com o auxílio da fala, reorganiza o campo visuoespacial, pois evoca objetos ausentes por meio da palavra e cria um campo temporal que lhe é tão perceptivo e real quanto visual. Além disso, a combinação de elementos dos campos visuais presente e passado num único campo de atuação leva à reconstrução básica de uma outra função fundamental: a memória, que, além de tornar disponíveis fragmentos do passado, transforma-se em um novo método de unir elementos da experiência passada com a presente. O campo temporal para a ação, então, estende-se para a frente e para trás, e a atividade futura é representada por signos. Estes criam as condições para o desenvolvimento de um sistema único que inclui elementos efetivos do passado, presente e futuro.

Vygotski estabelece, portanto, relações estreitas entre a fala como atividade simbólica, a estruturação do tempo e a construção da memória. Ele descreve as origens sociais da memória indireta, que se encontram na necessidade de mediar operações com signos. Como, por exemplo, marcar um pedaço de madeira com finalidade mnemônica, alterando a estrutura psicológica porque estendeu a operação de memória para além das dimensões biológicas do sistema nervoso humano. Dessa forma, o domínio dos signos tornou-se a condição necessária para a ação, o acesso à informação e o desenvolvimento do pensamento.

Daí, parece-me lícito considerar que, na evolução histórica do uso de signos com função social de registro, o mapa foi um instrumento que surgiu quando o homem precisou de um registro espacial fora de sua memória, que lhe permitisse trabalhar com maior número de informações e, portanto, manipular maior gama de conhecimento para interferir sobre a natureza e agir sobre um espaço ausente. O aparecimento do mapa, de forma semelhante ao que ocorreu com as primeiras formas de escrita, alterou qualitativamente o poder do homem de domínio do espaço. Pensar sobre o espaço torna-se, portanto, pensar sobre sua representação. Hoje, conhecer a cidade, a produção rural, a circulação etc. implica dominar as formas de representá-las. Isso não só para o estudioso, mas também, em grau menos sofisticado, para qualquer cidadão.

Este me parece ser o motivo principal de se incluir a representação espacial no currículo escolar. Dele, decorrem os desdobramentos pedagógicos necessários ao processo de ensino-aprendizagem: gradação de dificuldades, noções, conceitos e habilidades a serem desenvolvidos, elaboração de atividades de ensino... Os conteúdos de representação espacial se legitimam, portanto, por possibilitarem ao aluno chegar a conhecimentos cuja abrangência explicativa ampliem sua "leitura e compreensão do mundo". Claro que, então, a representação é vista mais como *instrumento* do que como item ou tema de um programa curricular. É um instrumento vitalmente ligado aos propósitos de formação do aluno no domínio de uma área de conhecimento. Cabe lembrar que não é só em Geografia que se lida com a representação espacial, mas também em história e ciências (estudos ambientais), para citar as áreas que constam do currículo do ensino fundamental.

Agora, saber como ensinar de maneira que as ações do professor levem o aluno a aprender, apropriar-se desse *instrumento*, persiste como questão a ser enfrentada. Nos capítulos subsequentes deste livro tomarei esse caminho, tentando trazer estudos de diversos pesquisadores sobre a representação do espaço, para chegar ao que posso chamar de uma *metodologia para o ensino de mapas*. Não pretendo abordar senão um nível de representação do espaço que dê conta das aproximações entre o *mapa definido pelos cartógrafos* (e os conceitos a ele relativos) e a *representação espacial realizada por alunos,* em situação inicial de aprendizagem desses mesmos conceitos (alunos que podem estar em qualquer nível do ensino fundamental).

Situo o que pretendo expor adiante como uma metodologia para *iniciação cartográfica.* Essa metodologia fundamenta-se em teorias sobre a representação espacial, e em estudos sobre o ensino de mapas.

Quanto à psicologia do conhecimento espacial, encontrei nos estudos de Piaget e seus colaboradores a principal fundamentação teórica sobre a construção da representação espacial. Esta complementa-se com estudos realizados por Liliane Lurçat, os quais elucidam as relações entre a vivência corporal no espaço e os referenciais de localização.

Busco aproximações entre o *mapa das crianças* e o *mapa dos cartógrafos,* com o fim de encontrar pontos de intersecção entre ambos. Parto, ainda, da ideia de que a aprendizagem é possível por meio de uma interação entre as pessoas e o conhecimento, e que,na escola, ela é mediada pelo professor. Aprender é algo constante na vida, mas apropriar-se de conhecimentos sistematizados leva tempo e acontece aos poucos, razão pela qual não trago uma proposta para o ensino de mapas já acabada, que leve o aluno a saber tudo sobre tal assunto. Na verdade, vou partilhar com os leitores um trabalho realizado com a finalidade de chegar ao *conceito de mapa.*

DESENHO DE CRIANÇAS

Acompanhando André, meu sobrinho, compreendi como o desenho de crianças pode tornar-se um importante meio de representação. Inicialmente, ele produzia apenas rabiscos. Depois, o mesmo tipo de rabiscos foi associado a um helicóptero e, por algum tempo, André passou a chamá-los de "helicópteros" (infelizmente, não guardei esses primeiros desenhos). Encontrei em um dos livro de Celestin Freinet – *Método natural – a aprendizagem do desenho* – algumas explicações sobre o desenvolvimento do desenho infantil: "todo ato conseguido se reproduz pela repetição até automatizar-se", assim a criança passa a repetir rabiscos semelhantes para conseguir maior segurança do gesto.

Existem diversos estudos sobre o desenho de crianças e, na maioria deles, é possível encontrar quatro fases bem marcadas no desenvolvimento do desenho.

Na *fase inicial*, os desenhos são feitos pelo prazer de riscar, de explorar as possibilidades do material (lápis de cor, giz de cera, caneta hidrográfica), produzir efeitos interessantes no papel por meio de traços fortes, fracos, em diferentes cores. É uma atividade lúdica, na qual os rabiscos nada significam. Luquet chamou este estágio de *realismo fortuito,* durante o qual ocorre a *gênese do desenho intencional.* Analice Dutra Pillar classificou-o como *atividade motora não simbólica.* Segundo Pillar, os desenhos desta fase, quando submetidos a crianças maiores não são desenhos, são rabiscos "feitos por crianças que ainda não sabem desenhar".

Ao dar uma interpretação para seus rabiscos, a criança inaugura uma nova fase, que Luquet denominou *incapacidade sintética*, na qual os desenhos (rabiscos ainda) são associados a objetos do mundo real, porém o mesmo rabisco, conforme o momento, pode representar diversos objetos. A criança representa os elementos mais característicos do objeto, independentemente da posição que ocupem no objeto real, daí a denominação dada para esta fase. Eis um exemplo interessante retirado do livro de Freinet:

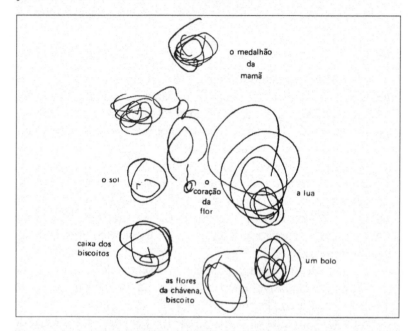

Os "helicópteros" de André correspondiam ao início da atividade simbólica. Para Pillar, o que marca a passagem da fase anterior para esta é a "capacidade de representar objetos no desenho".

Aos poucos, as crianças desenvolvem grafismos mais elaborados, com a intenção de representar os objetos. Começam a diferenciar formas retilíneas e curvilíneas, não integrando, porém, elementos para compor figuras ou cenas – os elementos permanecem apenas justapostos. Freinet chama a atenção para a repetição das formas que obtêm êxito, de maneira que, durante algum tempo, a criança repita a mesma forma básica, acrescentando-lhe detalhes para diferenciar um objeto do outro. Como exemplo, ele apresenta desenhos de ovelhas e cordeiros feitos por Jean-Paul (4,9).

Mas, por que as crianças desenham? Naturalmente, o desenho consiste em um interessante meio de ação sobre o ambiente. Diante da admiração e dos elogios de mãe, pai, avós e tios, André sentia-se mais estimulado a desenhar. Entre suas produções curiosas estava uma coruja, sobre cuja cabeça "escreveu" o nome coruja.

A justaposição de desenho e imitação de escrita é comum e atende à necessidade de registrar as explicações sobre o desenho, antes feitas apenas oralmente. Acontece, então, uma bifurcação entre desenho e escrita. Mesmo justapostas têm significados diferentes para a criança, ela sabe que não é possível "ler os desenhos"; os sinais que imitam a escrita são usados como explicativo do desenho. A partir daí, há uma diferenciação que evolui para a imitação da escrita com função de registro. A criança imita a escrita, combinando traços e bolas, cria pequenos textos nos quais mistura letras, números e riscos. Trata-se de um momento inicial na gênese da escrita, segundo Emília Ferreiro.

Meses depois de justapor "escrita" ao desenho, André "escreveu" o texto abaixo e pediu-me que o lesse, pois ele não sabia ler, "só escrever". Para não desapontá-lo, li as letras que pude identificar:

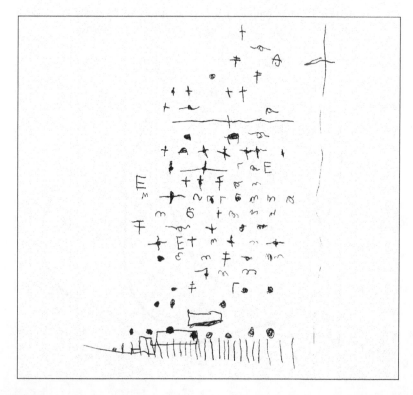

26

o, a, n, e, t. Ao ouvir a leitura, ele disse entusiasmado: "tem 'ête', então só falta um pedaço para escrever alfinete!"

Enquanto sistemas de representação diferentes, desenho e escrita evoluem por caminhos distintos, mas, segundo Pillar, mantendo interações.

A partir do momento em que a criança percebe que seus rabiscos servem para *representar* objetos, e que é ela quem estabelece a relação entre ambos, inicia-se a construção de um amplo sistema gráfico de representação, no qual engendram-se a escrita e outras formas de representação gráfica, como os *mapas*.

Em suma, se, num primeiro momento, "a criança desenha para se divertir" (Luquet), em seguida, outra razão aparece: a necessidade de apropriar-se de um sistema de representação. Desde bem pequenas, as crianças percebem que desenho e escrita são formas de dizer coisas. Por esses meios elas podem "dizer" algo, podem representar elementos da realidade que observam e, com isso, ampliar seu domínio e influência sobre o ambiente. Portanto elas buscam, cada vez mais, dominar formas gráficas eficazes, atingindo os estágios que Luquet denominou *realismo intelectual* e *realismo visual* (ver quadro da página 60).

O desenho de crianças é, então, um sistema de representação. Não é cópia dos objetos, mas uma interpretação do real, feita pela criança, em linguagem gráfica. Considerando o desenho dessa forma, pode-se ir além dos estágios do desenho infantil, e analisá-lo como expressão de uma linguagem, da qual a criança se apropria ao tornar visíveis suas impressões, socializando suas experiências.

Em uma representação, "X" não é igual à realidade "R" que ele representa, e o vínculo entre "X" e "R" pode ser do tipo *analógico* ou *arbitrário*. O desenho estabelece um *vínculo analógico* com o objeto representado, pois os significantes visuais são da mesma natureza que seu significado. O desenho de uma coruja (significante) lembra o significado (conceito de coruja). Ao desenhá-la, André recriou-a numa linguagem gráfica: cabeça maior do que o corpo, olhos enormes, um bico pequeno e um grande rabo (?). A imagem gráfica não é, portanto, uma cópia do real. Ela depende dos sistemas de representação da criança, de sua percepção do objeto e de suas habilidades gráficas.

A construção de um sistema de representação gráfica exige a aprendizagem de *equivalentes*, de saber que uma coisa pode *simbolizar* outra ou ser considerada a *mesma* que outra. Como as crianças desenvolvem equivalentes no desenho? Jacqueline Goodnow considera que os próprios desenhos são equivalentes, "eles só contêm algumas propriedades do original, e a *convenção* determina quais as propriedades que devem ser incluídas e de que forma" (grifo meu). O que interessa saber agora é como, na aprendizagem de equivalentes, a criança estabelece aqueles relativos à representação do espaço. Para Goodnow é a convenção que determina as propriedades a serem incluídas nos equivalentes. Nesse sentido, cabe indagar sobre as aproximações possíveis entre *a aprendizagem de equivalentes espaciais e a construção do conceito de mapa*. Já se sabe que as ideias sobre o que deve ser incluído em uma figura (o que é convencional) variam com o tempo e sofrem influência da cultura. Outros determinantes dizem respeito às diferenças individuais e à idade. Para exemplificar, e já caminhando para a aprendizagem de equivalentes espaciais, retomo a seguir uma pesquisa feita por Goodnow, na Austrália. Depois outra, realizada em Portugal por Isabel Cottinelli Telmo.

Goodnow pediu que crianças de 5 a 11 anos desenhassem um mapa do caminho de casa para a escola. Ela verificou que as crianças, em lugar de mapa, apresentaram *gravuras* semelhantes àquelas que aparecem em mapas antigos. Mas a convenção atual é a de fazer uma distinção entre *mapas* e *gravuras*. Constatou também que, geralmente, mas nem sempre, os mapas mais completos eram apresentados por crianças maiores. A figura a seguir mostra que havia uma progressão nas gravuras: aquelas onde não havia relação entre os objetos – a casa, a criança e a escola estavam justapostos (a); aquelas onde havia uma única linha ligando a casa e a escola (b,d,e); e verdadeiros "mapas", que incluíam uma malha de ruas com a localização da casa e da escola (c,f,g).

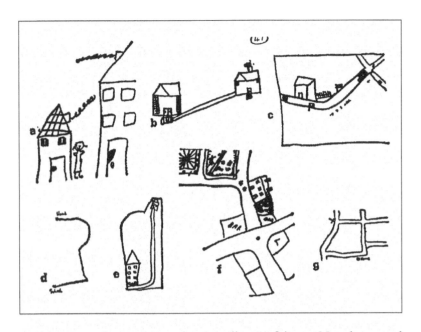

A autora cita uma pesquisa semelhante, feita no Nepal, na qual constatou-se que crianças com pouca experiência de leitura de mapas fazem *gravuras* numa idade em que crianças norte-americanas, geralmente, já utilizam convenções cartográficas.

Percebe-se, então, que há variações tanto no que deve ser incluído no desenho, como na relação que os elementos estabelecem entre si. As variações devem-se, principalmente, às experiências da criança.

Outra pesquisa interessante sobre a representação do espaço foi realizada por Isabel C. Telmo, que desenvolveu um estudo experimental com crianças portuguesas – 8, 10 e 12 anos –, de duas escolas, uma rural e outra urbana. Elas deveriam desenhar a frente do prédio de sua escola, primeiro de memória e depois com observação direta. A finalidade da pesquisa era verificar como as crianças apresentavam, em seus desenhos, *o espaço na casa* e *a casa no espaço*.

Quanto ao primeiro aspecto, a autora constatou que: a introdução da terceira dimensão está significativamente relacionada ao aumento da idade; a inclusão da terceira dimensão na representação das paredes parece surgir mais tarde, e é demonstrada pela habilidade de inclinar a

29

linha de base da parede; os desenhos feitos por observação revelam mais sinais de espaço tridimensional que os de memória; há ligeiras diferenças na presença de elementos da terceira dimensão nos desenhos da frente do prédio feitos por crianças da zona rural e da zona urbana.

Quanto ao estudo da *casa no espaço*, a autora constatou que: a representação do prédio no espaço tridimensional aumenta com a idade; crianças de 12 anos, para representar a distância, utilizam de um modo consistente linhas oblíquas e planos, modificações de tamanho e sobreposições; crianças menores começam por utilizar a modificação do tamanho antes da estratégia da sobreposição; crianças mais velhas representam mais efeitos de distância nos desenhos de observação do que nos de memória; alunos de oito anos da escola rural fazem mais tentativas para representar as casas à distância do que as de mesma idade da escola urbana.

Telmo percebeu que, ao representar as casas no espaço, as crianças utilizam, de início, a estratégia das várias linhas de base e da modificação do tamanho e, somente mais tarde, sobrepõem as casas e inclinam as linhas para representar diferentes planos. Notou também que, para representar a distância, as crianças primeiro diminuem o tamanho dos edifícios, explorando posteriormente a ideia de sobreposição. Esse efeito, porém, só aparece após os nove ou dez anos.

Além disso, Telmo observou que as crianças da escola rural representam, já com oito anos, efeitos da distância. Isso porque a escola é pequena, situada em terreno plano e rodeada por pequenas casas isoladas, além de as crianças irem para a escola a pé e, assim, observaram a aproximação do prédio durante o trajeto. As crianças da escola urbana não representam a terceira dimensão porque a escola é grande, cercada por edifícios, e também porque chegam e já entram no prédio.

Os resultados deste estudo mostraram que, apesar de as crianças conceberem pontos de vista diferentes, estão longe de saber coordená-los dentro de um único sistema de perspectivas. Mostraram também que uma das chaves para a representação do espaço tridimensional é a capacidade de manipular as linhas inclinadas para desenhar um objeto. O aparecimento dessa habilidade parece estar ligado à descoberta de que um plano inclinado representa mais uma informação implícita do que uma informação concreta.

Agora, já é possível destacar alguns pontos relevantes sobre a aprendizagem de equivalentes espaciais.

Enfocando a perspectiva, percebemos que é comum a mistura de pontos de vista em um mesmo desenho. Com seis anos, André começou a desenhar paisagens com mais detalhes. No desenho a seguir, representou os pássaros de frente ou de costas (em pleno voo), o automóvel de lado (com apenas duas rodas) e a rua vista de cima.

A inclusão da *linha de base*, que estabelece o que está acima do chão e o que está encostado ou abaixo dele, é uma conquista importante, que marca a representação do espaço no estágio do *realismo visual*. No entanto, o desenho do espaço visto de cima, que é uma exigência para se entender os mapas, cria a necessidade de se elaborar outro equivalente.

Retomando o trabalho de Goodnow, ela pediu a crianças que desenhassem o prédio da escola visto de cima. Algumas crianças desenharam a si mesmas no ar e a escola em tamanho menor. De qualquer maneira, indicaram que a mudança no ponto de vista altera o tamanho dos objetos (relação fundamental em cartografia).

A perspectiva de cima é um problema difícil para as crianças. Além de reconhecer que os objetos terão uma aparência diferente, elas precisam descobrir de que forma serão diferentes e como mostrar isso no papel para que seja aceito pelos outros.

Crianças maiores conseguiram dar soluções mais adequadas ao problema proposto por Goodnow. A dificuldade consistiu em transformar o equivalente já estabelecido – a linha horizontal como chão. A transformação possível é ligar o telhado à base ou abrir os lados do prédio, isto é, fazer um *desdobramento* dos planos superiores e laterais do prédio.

Por que é difícil para a criança abandonar o equivalente estabelecido (linha horizontal)? Porque isto requer uma mudança intelectual. Segundo Piaget, crianças menores tendem a usar como ponto de referência para uma unidade outra que esteja mais próxima (relação de vizinhança). No exemplo dado anteriormente, no qual os desenhos representam o prédio sobre o solo e a criança no alto, falta a perspectiva sob a qual o prédio esteja representado pelo observador. É o que as crianças maiores tentam fazer. Elas acrescentam detalhes ao desenho, como o telhado ou a parede lateral, mas não abandonam a linha do chão. A elaboração do novo equivalente exige a coordenação de pontos de vista, isto é, a criança concebe que a mudança na posição em que observa o prédio leva a uma outra visão, que deve aparecer na representação.

No trabalho de Goodnow, crianças bem maiores, ou que já puderam observar a cidade do alto, desenharam o prédio a 45° (a), ou visto de cima e com o telhado ainda de forma pictórica (b, c, d). Outras, no entanto, chegaram a produzir uma planta baixa (e, g).

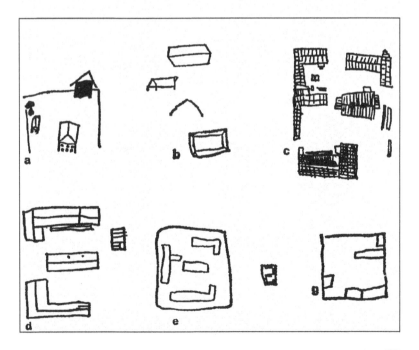

Em suma, ao aprenderem equivalentes espaciais, as crianças são geralmente econômicas, isto é, usam repetidas vezes a mesma forma, o que indica que não desenvolvem apenas uma forma gráfica, mas um *conceito*, descobrindo semelhanças e fazendo generalizações. Quando mudam são conservadoras, procurando efetuar ajustes nas formas que já conquistaram. Ocorre, portanto, uma evolução na construção da perspectiva pela criança. Segundo Piaget, a construção da perspectiva não é uma reprodução da realidade tridimensional, mas uma *invenção no espaço gráfico* que dê uma interpretação satisfatória da profundidade.

Surgem, então, dois aspectos fundamentais para o ensino de mapas: a aquisição de equivalentes no desenho do espaço é longa e envolve, principalmente, a construção da perspectiva, da distância e da proporção (relações espaciais projetivas e euclidianas); é a partir dessas aquisições que se pode pensar a aprendizagem de conceitos cartográficos.

Portanto, antes de avançar em propostas para o ensino de mapas, é importante considerar o desenvolvimento dos conhecimentos espaciais na infância.

A CRIANÇA E O ESPAÇO

Estudos recentes apontam que o domínio do espaço pelo homem é influenciado por fatores psicofisiológicos e socioculturais. Marie Germaine Pêcheux, da Universidade de Paris V, analisa a hipótese que as experiências espaciais e suas consequências são as mesmas para todos os homens. Segundo ela, o ser humano dispõe, muito precocemente, de certas competências no domínio espacial, as quais se manifestam quando situações favoráveis ocorrem. Essa afirmação destaca que a interação entre fatores biológicos e sociais é essencial para o desenvolvimento do domínio espacial do indivíduo. Uma vez que performances espaciais individuais variam muito, a autora pergunta: que componentes influem na variabilidade das performances espaciais? E qual a trajetória do desenvolvimento dessas performances?

Essas questões foram objeto de estudo de diversos pesquisadores na área da psicologia, os quais se preocuparam em saber como se desenvolve a compreensão das informações espaciais no homem.

Os mecanismos perceptivos são considerados básicos. Pêcheux trata de três modalidades sensoriais: a visão, a audição e a propriocepção em relação ao tato.

Sabe-se que a percepção visual envolve os olhos e o córtex cerebral. Em cada retina forma-se uma imagem (projeção do real), a partir de um ângulo diferente, em tamanho reduzido e sem tridimensionalidade. Esta última é recuperada quando, no cérebro, realiza-se uma espécie de síntese das duas imagens. A distinção entre objetos bidimensionais e tridimensionais parece possível desde o nascimento. A acuidade visual, porém, é muito reduzida no recém-nascido, mas desenvolve-se rapidamente até os quatro anos, quando se equipara à dos adultos.

A audição, com relação à percepção espacial, é frequentemente estudada em conjunto com a visão. A maior parte desses estudos estão voltados para o desenvolvimento dos sentidos, do nascimento até a idade de dois anos.

É difícil dissociar a percepção auditiva da visual e das percepções cinestésicas. A audição é considerada muito importante na avaliação de direção e distância. No entanto, sobre esse assunto, há poucas pesquisas que considerem a audição separadamente da visão e da propriocepção.

A propriocepção refere-se à capacidade humana de receber estímulos originados no interior do próprio organismo, captados por receptores de tensão e de aceleração, situados nos músculos, nos tendões e nas articulações. Juntamente com o tato, essa capacidade tem grande importância na organização espacial inicial. Não detalharei tais aspectos, uma vez que interessam especialmente aos estudos da percepção espacial em crianças muito pequenas. É importante destacar, no entanto, as relações entre movimento e espaço. A propriocepção diz respeito, também, à sensibilidade ao movimento, quer seja de apenas uma parte quer seja do corpo todo (motricidade).

Assim, sobre a interação entre motricidade e espaço existem dois princípios complementares, que são: a) a motricidade é expressão de uma ordem biológica e b) a máquina biológica gera seu universo espacial. Esses princípios sinalizam, primeiro, para o aparelho sensório-motor e sua morfologia (o corpo tem alto e baixo, frente e atrás e, ainda, dois lados simétricos – direito e esquerdo). Em segundo lugar, apontam para o fato de o corpo humano movimentar-se e deslocar-se seguindo uma postura ortostática (ortogonal em relação ao solo). Esses dois aspectos determinam sistemas de referência e mecanismos de captação de informação espacial.

O domínio da postura é uma das aquisições mais significativas do primeiro ano de vida. Este domínio tem dois polos: o sensorial (que envolve o ouvido interno) e o motor (as reações tonicoposturais à força de gravidade supõem o controle dos músculos, primeiro para sustentar a cabeça, depois, na postura sentada, e, mais tarde, na postura em pé, estática ou em movimento).

Procurei ressaltar acima a importância do sistema sensório-motor na organização psicológica do espaço. Em resumo, as progressivas aquisições da criança, no nível corporal, ampliam o domínio do espaço, e a postura influi na apreensão das informações sobre o entorno. Dessa forma, estabelecem-se, desde o início da vida humana, referenciais espaciais com relação ao próprio sujeito. Chega-se então ao esquema corporal, cujo papel na organização espacial demanda certo aprofundamento.

O esquema corporal é a base cognitiva sobre a qual se delineia a exploração do espaço. Depende tanto de funções motoras quanto da percepção do espaço imediato. A consciência do corpo constrói-se, lentamente, até a adolescência, quando há a elaboração completa do esquema corporal, em função do amadurecimento do sistema nervoso, da relação eu-mundo e da representação que a criança faz de si mesma e do mundo em relação a ela.

Outro aspecto importante na organização espacial, relacionado com o esquema corporal, refere-se ao predomínio de um lado do corpo. Esse predomínio verifica-se no melhor adestramento de uma das mãos, de um olho, de uma das pernas, e de um pé, o que implica viver uma divisão do espaço em duas partes assimétricas. Divisão que será a raiz da análise do espaço percebido. Trata-se de um processo de lateralização do corpo e do espaço, baseada no corpo. O corpo tem lados e partes – que também têm lados –, com funções diferentes e que atuam sobre o meio permitindo um certo domínio espacial pela ação e pelo movimento.

Liliane Lurçat apresenta uma concepção mais ampla do esquema corporal, extraída de um trabalho que realizou com Henri Wallon, na França. Suas pesquisas mostraram que o esquema corporal não coincide necessariamente com o corpo anatômico, mas que nesse esquema há relações de diferentes ordens no espaço, no espaço postural e no ambiente, e que não é possível estudar tal esquema sem levar em conta as posições do corpo no espaço e sem definir as relações daquele com os objetos, com as demais pessoas. Segundo Lurçat, de um lado, o espaço – ambiente onde ordenamos as coisas e a nós mesmos e, de outro, o resultado destas sensibilidades a nós restituídas constituem o que comumente se denomina esquema corporal.

As relações entre o esquema corporal e o espaço foram extensivamente estudadas por Lurçat, que, sob uma perspectiva do desenvolvimento infantil, detalhou o mecanismo da projeção do esquema corporal. Esse estudo é de capital importância para o entendimento das relações espaciais e de suas implicações na localização e na orientação espacial. A autora adverte que o meio ambiente é lateralizado a partir dos vetores do esquema corporal: frente-atrás, direita-esquerda, acima-abaixo. Os lados direito e esquerdo são percebidos simultaneamente pela criança, porém frente-atrás não, pois a passagem da frente para trás supõe uma conversão. No esquema corporal há uma polarização do campo superior e do frontal, devida aos movimentos de alimentação e à ação dos órgãos faciais.

Lurçat realizou diversos experimentos para verificar a projeção da lateralidade nos objetos e constatou que o amadurecimento da lateralidade ocorre pela projeção gradativa do esquema corporal, primeiro do eixo frente-atrás, depois esquerda-direita. Na familiarização com o espaço convergem duas fontes de conhecimento interligadas: a atividade de manipulação e deslocamento dos objetos; e o meio familiar, no qual a designação dos objetos e dos lugares está impregnada de sentidos e valores próprios, como crenças, castigos e proibições. Para a autora, o conhecimento baseia-se na atividade, que depende da margem de autonomia que o meio oferece para as brincadeiras infantis. Lurçat também faz uma crítica aos brinquedos industrializados, nos quais a manipulação é mais fictícia do que utilitária. Por exemplo, vestir uma boneca é diferente de fazer a roupa da boneca. Fazer o vestido implica mudar uma situação, cuja solução não foi previamente estruturada por outra pessoa.

Neste ponto, observo que uma das finalidades de atividades com maquetes é justamente a manipulação e, sobretudo, o desafio de atuar para resolver um problema eminentemente espacial como, por exemplo, representar a sala de aula, de modo que o produto resultante possa ser tomado como seu equivalente.

A representação do espaço pela criança elabora-se apoiada em objetos fixos que ela toma como *referencial*, antes mesmo da constituição de um esquema corporal dissociado do próprio corpo e da representação global do espaço. A *formação de conceitos*, que ocorre com o aparecimento da linguagem, possibilita dissociar o esquema corporal do próprio corpo e *projetá-lo nos objetos*. Isso permite que o objeto estruture o espaço que o rodeia e se torne como o centro de um mapa local, cujas polaridades são as mesmas do esquema corporal (acima-abaixo, direita-esquerda, frente-atrás). Por exemplo, a frente da casa, do carro etc.

A "lateralização" surge, já no primeiro ano de vida, ligada à *assimetria funcional*, quando a mão dominante é preferida nas tarefas manuais novas. Vê-se aí que a lateralização está relacionada com a dominância hemisférica. Esse processo leva ao conhecimento da lateralidade, primeiro no próprio corpo e, depois, sobre os outros corpos. Isso implica saber que se tem mão direita e mão esquerda e reconhecê-las. No entanto, pode haver oscilação da lateralidade até os sete anos. A lateralidade é reconhecida no próprio sujeito, aproximadamente aos seis anos, e nos outros, mais ou menos aos oito anos. Por volta dos 4-5 anos, a criança compreende que tem uma direita e uma esquerda, mas não sabe distinguir entre elas nos membros do corpo. Aos 6-7 anos, já sabe distinguir suas duas mãos, seus dois pés, e, depois, seus dois olhos. Aproximadamente aos 8-9 anos reconhece com precisão as partes direita e esquerda do corpo.

Quanto à orientação espacial, aos 5-6 anos a criança confunde-se ao seguir um referencial no próprio corpo (para a direita ou esquerda), mas não tem dúvida se o referencial for um objeto. Por exemplo, não sabe que direção tomar quando lhe solicitam que caminhe para a direita, mas não tem dúvida se lhe pedirem para ir em direção a uma árvore que está à direita. Isso evidencia a existência de duas operações intelectuais diferentes: uma, que consiste em orientar-se em sua própria topografia corporal, e outra, que consiste em utilizar seu corpo como um meio para orientar-se no espaço; o que está em jogo são as passagens do espaço postural ao espaço circundante, as quais realizam a construção propriamente dita do esquema corporal. O esquema corporal é o resultado da relação estabelecida entre o espaço postural e o espaço ambiente.

As pesquisas de Lurçat sobre as diferentes formas de projeção do esquema corporal levaram-na a concluir que esse processo se dá por dois mecanismos diferentes: a projeção antropomórfica no objeto, e a projeção do esquema corporal como sistema de referências. No primeiro caso, ocorre uma analogia das partes do corpo com as partes do objeto, havendo uma identificação entre ambos: o "nariz do avião", por exemplo. As analogias são muito importantes e levam à definição de objetos orientados: objetos que possuem um polo anterior e um polo posterior bem definidos, apresentando simetria axial. Nesse caso, a projeção do esquema corporal é inevitável.

Na projeção do esquema corporal é importante que a criança compreenda que os referentes acima-abaixo são absolutos, e os do tipo esquerda-direita ou frente-atrás são relativos. A projeção do esquema corporal depende, então, de duas ordens de fatores: os fatores posturais e os relativos à função do objeto e à sua estrutura. Nos mecanismos de *projeção dos referenciais do esquema corporal, o eixo frente-atrás determina o eixo esquerda-direita*, o que os torna, necessariamente, vinculados. Cabe lembrar que há polarização do campo superior e do anterior devido à locomoção, à alimentação e à ação dos órgãos faciais. As complicações nesse processo ocorrem por que há objetos que possuem uma parte anterior e uma posterior, porém há outros que não as possuem. Nesse caso, elas podem ser determinadas pelo uso, não apresentando uma lateralidade definida como, por exemplo, uma garrafa ou uma jarra.

Busquei destacar, então, a grande importância da atividade sensório-motora na construção do espaço pela criança, e sua relação com o esquema corporal. Esquema este que consiste no centro de referência sobre o qual será estabelecido o domínio espacial. Cabe-nos perguntar, então, se nossa cultura tira todo proveito possível dessas constatações, pois, na escola, valoriza-se mais a inércia do que o movimento.

Atividades de ensino que envolvam relações entre corpo e espaço são necessárias em todas as idades. Os professores de educação física sabem disso, pois existem muitas publicações nessa área que trazem orientações sobre o trabalho corporal na escola. No entanto, nem sempre há articulação com atividades de outras áreas, principalmente de Geografia.

A partir do que foi apresentado acima é possível entender que a orientação espacial está imbricada com a atividade corporal e que os referenciais de localização no espaço têm sua gênese no esquema corporal. Muitos professores de Geografia insistem em ensinar seus alunos a "dar o braço direito para o lado onde o Sol nasce" a fim de determinar o leste. [Na verdade, o lado direito do corpo nada tem a ver com o nascente. Associá-los, como recomendam os materiais didático só serve para confundir.]

Então, como ensinar as direções geográficas (os pontos cardeais)? Espero que no final dos próximos capítulos eu tenha conseguido responder esta questão.

MAPA DO CORPO

Começo dizendo que, se a gênese da orientação espacial está no corpo, é a partir dele que, em primeiro lugar, os referenciais de localização devem ser determinados. Em diversas publicações sobre recreação e educação física, os professores podem encontrar indicações de atividades que levem os alunos a estabelecer uma lateralização do espaço a partir dos referenciais corporais.

Há uma atividade que envolve o decalque do corpo da criança sobre uma folha de papel e aparece em algumas publicações específicas como um exercício de projeção de objetos tridimensionais no plano. Deve-se esclarecer, no entanto, que este trata-se de um exercício de orientação, ao qual dou o nome de "mapa do corpo".

A introdução da atividade "mapa do corpo" pode ser feita com uma conversa sobre o próprio nome, sua origem, seu significado e a apreciação que se faz dele. A conversa é seguida da proposta de um desenho de si mesmo, que será discutido quanto à sua propriedade para representar a pessoa: o que é diferente, o que está bem parecido etc. Essa discussão deve levar à reflexão sobre como representar algo. Pode-se comparar o desenho com uma fotografia e discuti-los como "formas" de representação.

Mas como representar o corpo inteiro? Com esta pergunta inicia-se a discussão sobre o "mapa do corpo".

Por meio do reconhecimento das partes e lados do corpo, definem-se suas posições em função dos eixos: em cima-embaixo, frente-atrás, direita-esquerda (ver figura na página seguinte). Essas posições devem ser identificadas em uma projeção do corpo, decalcada em papel (mapa do corpo).

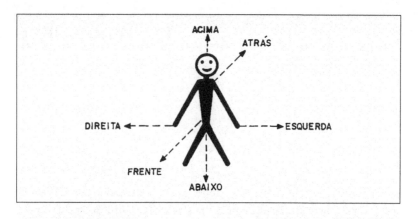

Em duplas, um aluno faz o contorno do corpo do outro deitado sobre uma folha de papel manilha do tamanho do modelo. O contorno do corpo deve ser preenchido com detalhes, de forma que se assemelhe ao aluno, e, depois, recortado. Em seguida, os alunos devem desenhar o lado das costas, traçando os detalhes da roupa, cabelos, sapatos etc., criando uma representação do próprio corpo em papel, um boneco de papel. Deve-se, ainda, identificar seus lados direito e esquerdo, de cima e de baixo (a partir da cintura), escrevendo no boneco.

A finalidade do mapa do corpo é fazer com que, por meio da projeção de seu corpo no plano, o aluno obtenha uma representação de si mesmo em tamanho real e com a identificação de seus lados. O boneco tomará o lugar do aluno, e este poderá observar seus movimentos e deslocamentos como se fosse ele próprio. Poderá perceber as posturas assumidas e os trajetos que ele faz no espaço, bem como as relações que se estabelecem entre o boneco (ele) e os demais alunos e objetos. Também será possível trabalhar os referenciais de localização no próprio boneco, do boneco em relação aos objetos e aos outros bonecos, e, finalmente, do boneco no espaço, evocando *os mecanismos de projeção do esquema corporal*.

Realizei esta atividade com alunos de diferentes séries. Gostaria de partilhar com os leitores o relato de duas dessas experiências: a primeira, com uma 4ª série, composta por alunos com, em média, nove anos e meio de idade. A segunda, em uma 5ª série, com alunos com, em média, onze anos e meio.

Aluna da 4ª série.

No primeiro contato com a 4ª série, esclareci aos alunos que iria desenvolver um trabalho para ajudá-los a entender melhor os mapas. Então, comecei falando sobre o meu nome. A classe teve boa participação, diversos alunos falaram sobre seus nomes. Quando pedi que fizessem o desenho de si mesmos numa folha de papel, relutaram muito, dizendo que não sabiam desenhar. Perguntaram se não poderiam colar uma fotografia. Aproveitei, então, para discutir a diferença entre o desenho e a fotografia e salientar que ambos são meios de representação. Um menino disse que a Terra também pode ser fotografada pelos satélites. Isso introduziu a comparação entre as diversas formas de representar a Terra, ou parte dela, como as fotografias aéreas, as imagens de satélite e os mapas.

Em outra aula, dividi a classe em dois grupos, que se alternaram para elaborar o mapa do corpo. Os alunos demoraram para entender o que deveriam fazer, mas demonstraram grande interesse, envolvendo-se na atividade de traçar e desenhar o decalque do próprio corpo no papel.

A identificação de direita e esquerda no próprio corpo foi feita corretamente por todos os alunos, porém 6 deles (19%) trocaram esses lados quando os escreveram no boneco de papel. Houve necessidade de retomar a atividade.

No pátio, após diversas variações de direção usando o boneco, surgiu a conclusão de que a direita e a esquerda de todos os bonecos só coincidiam "quando estavam olhando na mesma direção". Isto é, os alunos perceberam que a determinação de "direita e esquerda" deve ser coordenada com a de "frente e atrás".

Para verificar se os alunos já dominavam os referenciais de localização, solicitei que completassem uma silhueta vista de frente e outra de costas impressas em uma folha de papel, bem como identificassem os lados direito e esquerdo.

Essa tarefa exigiu que fizessem uma projeção no espaço gráfico dos referenciais do esquema corporal. A maioria obteve êxito, sendo que apenas 13% dos alunos da 4ª série trocaram direita e esquerda em uma das silhuetas.

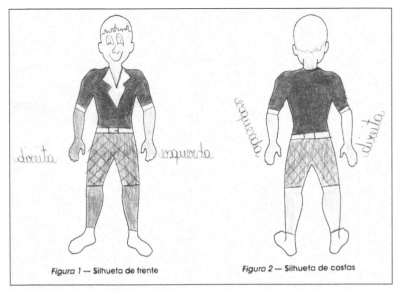

Figura 1 — Silhueta de frente   Figura 2 — Silhueta de costas

Silhueta desenhada por aluno de 4ª série.

Penso que o principal mecanismo usado pelas crianças para identificação da lateralidade na silhueta é o de projetar os lados por rotação (vendo-se frente a frente com a figura), o que, na figura de costas, induz a uma inversão dos lados direito e esquerdo, conforme mostra o seguinte esquema:

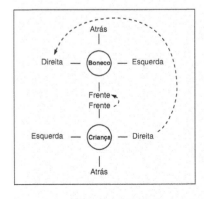
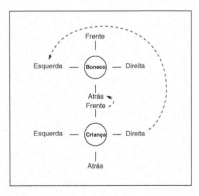

Silhueta vista de frente   Silhueta vista de costas

47

Trata-se, então, de uma dificuldade de identificação *na figura*, mas não percebi essa dificuldade na identificação dos lados no próprio corpo do aluno, nem no de seus colegas.

Na 5ª série, o desenvolvimento da atividade seguiu os mesmos passos. Notei que alguns alunos encontraram dificuldade para identificar direita e esquerda no boneco de costas. Verifiquei, posteriormente, nos resultados da folha impressa, que vários alunos trocaram direita e esquerda na silhueta de costas.

Na aula seguinte a essa constatação fomos ao pátio e pediu-se a cada aluno que identificasse a direita e a esquerda em si mesmo e no seu boneco. Primeiro de frente e, em seguida, de costas. Depois, deveriam pensar no que acontece com esses lados (direito e esquerdo) quando mudamos o referencial "de frente" para "de costas". O lado direito de frente é o mesmo de costas? Diante dessa pergunta, vários alunos deram-se conta de que estavam trocando os lados quando viravam a silhueta de costas.

Percebi que grande parte dos erros cometidos deveu-se ao mecanismo usado para determinar direita e esquerda na silhueta de costas, isto é, o aluno translada a direita e a esquerda da silhueta de frente, sobrepondo-a sobre a silhueta de costas, da seguinte maneira:

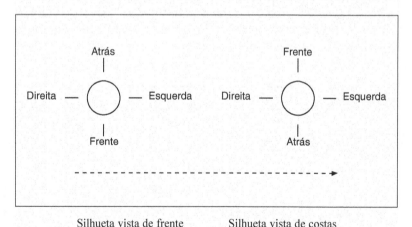

Silhueta vista de frente   Silhueta vista de costas

Parece, então, que os alunos têm dificuldades com a projeção dos referenciais do próprio corpo para figuras do espaço gráfico.

Essa dificuldade pode interferir na compreensão de referenciais espaciais mais amplos, que possibilitam a localização por meio das coordenadas geográficas, as quais são o tema do próximo capítulo.

LOCALIZAÇÃO E ORIENTAÇÃO

Nos capítulos anteriores, apresentei fundamentos da gênese da orientação espacial, com o objetivo de elucidar a construção dos *referenciais geográficos* de localização e orientação. A continuidade desse assunto leva-me a refletir sobre o que são esses referenciais e sua importância na cartografia escolar, antes de estabelecer os vínculos entre eles e os referenciais corporais discutidos anteriormente.

Os referenciais geográficos de localização foram definidos a partir da observação dos astros e deram origem ao sistema de coordenadas geográficas. Este foi construído historicamente, resultando da necessidade de maneiras cada vez mais seguras de determinar a localização, tanto ao elaborar mapas, quanto durante as navegações e jornadas por terra. Este caráter imposto pela necessidade social e histórica traz, para a abordagem do tema na escola, uma discussão sobre seu significado na formação atual dos alunos. Hoje ninguém precisa apoiar-se nessas coordenadas para deslocar-se de um lugar para outro (exceto nas navegações aérea e marítima, apoiadas por instrumentos sofisticados). Por que, então, o cidadão comum precisa saber o que são paralelos, meridianos, latitude e longitude?

Penso que há apenas uma razão realmente pertinente para que alguém tenha que aprender esses conceitos: eles estão envolvidos no *conceito de mapa*. Um mapa é obtido por meio da malha de coordenadas que amarra a superfície representada com a superfície da Terra, envolvendo, também, projeção e escala.

Isto posto, para chegar às coordenadas por meio do ensino, parece-me interessante tomar alguns dos caminhos que a história aponta, porém sob a luz do que já se sabe: olhar para o céu e perceber que o movimento dos astros pode ser um referencial de localização;

estabelecer registros desses movimentos e transpô-los para a localização na superfície da Terra; construir modelos representativos que possibilitem entender modelos explicativos teóricos etc.

Comento, a seguir, o encaminhamento de uma sequência de trabalhos que tem esses pressupostos.

Os alunos podem ser solicitados a determinar a trajetória do movimento aparente do Sol. De início, devem perceber que o Sol surge diariamente do mesmo lado do céu e se põe do lado oposto (as estrelas também). Sucessivas observações darão oportunidade para que percebam que os bairros da cidade podem ser localizados a partir desses lados: os bairros que ficam para o lado onde se observa o surgimento do Sol e os bairros que ficam do lado oposto. Já está identificada, portanto, a direção leste-oeste, como noção. O registro, por meio de um desenho, daquilo que podem observar de um e de outro lado dará lugar a outros questionamentos: o que se encontra no leste? Se você caminhar para o leste por onde você passará?

Para determinar, com mais precisão, as direções norte-sul e leste-oeste do local será necessário construir um relógio de Sol (*gnomon*).

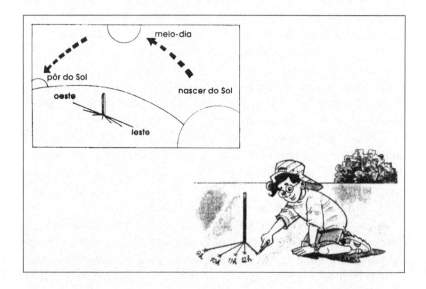

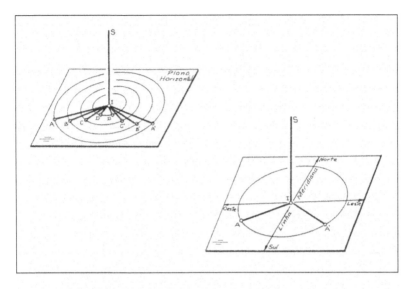

O relógio de Sol pode ser feito usando-se uma prancha com um orifício central, no qual se fixa uma estaca na vertical. A prancha deve ser deixada em um lugar plano e que receba Sol durante o dia todo. Sobre ela, fixa-se uma folha de papel. A cada hora, desde bem cedo, observa-se a sombra da estaca sobre o papel e traça-se o segmento de reta por ela formado; em cada segmento é importante marcar seu horário. A direção da sombra observada logo de manhãzinha indica, aproximadamente, o oeste e bem no final da tarde, o leste. As demais retas devem ser relacionadas com os diferentes pontos em que o Sol se encontrava no céu, levando o aluno a perceber que quanto mais alto o Sol estiver, mais curta será a sombra da estaca, sendo que a menor corresponde ao meio-dia (ver figura acima).

Em outra ocasião, faz-se um registro da sombra pela manhã. O professor, usando um barbante fixo na estaca, traça uma circunferência que tenha seu centro na base da estaca e cujo raio seja igual ao comprimento da sombra. À tarde, registra-se novamente a sombra quando ela voltar a tocar, pela primeira vez, a circunferência. Os dois registros da sombra

encontram-se na base da estaca, formando, assim, um ângulo. A bissetriz deste ângulo é a linha meridiana (merididano: *meridianus*, em latim, significa *medici die* ou meio-dia).

Para determinar os sentidos norte e sul geográficos nessa linha meridiana deve-se colocar uma cruzeta sob a estaca, fazendo a ponta leste coincidir com o leste já identificado. (A determinação das direções N-S e E-W também pode ser feita com o uso da bússola. No entanto, a bússola indica as direções magnéticas. É necessário relacionar as direções magnéticas com as direções geográficas.)

Assim, determinam-se as direções leste-oeste e norte-sul a partir de seu verdadeiro referencial, que é o movimento aparente do Sol, sem confusão com direita-esquerda e frente-atrás.

É bom esclarecer que o uso do corpo do aluno como referencial para determinar as direções geográficas poderá levá-lo a ideias equivocadas, como achar que o leste está sempre à direita, sem observar a trajetória do Sol. As relações espaciais devem descentrar-se dos referenciais do esquema corporal, por isso o uso dos lados direito e esquerdo do corpo associados à direção leste-oeste não parece adequado. A direção leste-oeste decorre do movimento de rotação da Terra e de sua posição em relação ao Sol e nada tem a ver com os lados do corpo humano.

Então, qual a relação entre os referenciais resultantes da projeção dos eixos do esquema corporal com as direções geográficas?

É a partir dos referenciais do esquema corporal que o aluno estabelece outros sistemas de referência. No caso comentado, as relações são definidas entre um observador no solo e diferentes pontos assumidos pelo Sol em sua trajetória diária. Durante a construção do relógio de Sol, as operações mentais apoiam-se nos referenciais do esquema corporal, porém estabelecem um sistema de referências fora do observador e não em sua estrutura corporal. Do ponto de vista cognitivo, a criança precisa "se ver" sobre a superfície da Terra e coordenar seus referenciais corporais com os referenciais terrestres. Criam-se, dessa forma, relações de localização espacial a partir de um sistema de referência externo e universal, o qual permite situar os objetos não em relação ao observador, mas em relação a um sistema geográfico.

Porém, esse sistema ainda não está completo, pois a localização feita dessa forma é dada a partir de um ponto isolado (local), que precisa agora ser inserido em uma rede que o situe na superfície da Terra, o que implica avançar para elaborações mais complexas do que "As coordenadas geográficas estabelecem um único endereço para cada ponto da superfície terrestre, o qual é dado pela posição que ele ocupa na rede de paralelos e meridianos. A 'distância' do ponto até o Equador é chamada de latitude. A 'distância' do ponto até o Meridiano Inicial é chamada de longitude. Ambas são medidas em graus." Este pequeno discurso é bem conhecido dos professores, mas para ser entendido pelos alunos exige domínio de referenciais de localização do espaço projetivo e euclidiano, domínio do conceito de ângulo, além de ótimos conhecimentos de geometria.

A localização dos objetos a partir da posição que ocupam uns em relação aos outros, como "a mesa está do lado direito do armário", por exemplo, corresponde a uma relação de vizinhança ou a uma relação espacial topológica elementar, que não permite saber exatamente em que lugar estão esses objetos, visto que o "endereço" dado não vai além deles próprios. Esse tipo de localização é muito comum no cotidiano das pessoas, sendo suficiente para resolver alguns problemas práticos.

Um outro problema correlato é saber que direção deve-se tomar para chegar a um endereço. Alguém poderá dizer-me que devo virar a primeira rua à direita, andar duas quadras e virar à esquerda. Nesse exemplo, a orientação é dada em relação ao meu corpo, "virar a primeira rua à minha direita"; a relação foi estabelecida entre a minha posição e o lugar para onde vou. Outra vez, uma *relação espacial topológica elementar*, que não me permite saber com precisão um endereço. Neste caso, os referenciais são estabelecidos pela projeção dos eixos do esquema corporal, os objetos não podem ser situados em conjunto, mas "uns em relação aos outros".

Quando apanho um mapa de ruas da cidade para localizar um endereço, encontro uma malha formada pelas ruas e avenidas, com numeração de início e fim. O endereço é dado pela posição que o local ocupa nessa malha que envolve todas as ruas da cidade. Sobre ela geralmente aparece uma divisão em quadrículas, que podem ser identificadas por letras na horizontal e por números na vertical, estabelecendo uma relação entre o local e um *sistema de coordenadas* ou *uma relação espacial euclidiana*. A associação entre uma letra e um número permite saber em que *área* do mapa está o lugar que procuro. Então, os referenciais (rua e número) são estabelecidos por um sistema de endereços, o qual possibilita situar o lugar na malha urbana. Para me deslocar de um endereço para outro, fazendo uso dessa malha, devo estabelecer sucessivas projeções que coordenem os pontos: onde estou e para onde quero ir, estabelecendo *relações espaciais projetivas*.

Agora, quanto à localização, é necessário inserir os registros obtidos com o relógio de Sol na malha de coordenadas traçada sobre o globo terrestre.

O globo terrestre é um modelo reduzido da Terra e pode ser, portanto, um bom meio para se estudar os referenciais geográficos de orientação e localização. O aluno deve manipular o globo, simular os movimentos da Terra, discutir com os demais e levantar questões. Não adianta o professor "explicar" tudo, as explicações cabem somente como respostas às questões levantadas. Alguns pontos, no entanto, precisam ser explicitados de antemão. Por exemplo, para o aluno entender o movimento de rotação é necessário que ele tenha oportunidade de relacioná-lo com a construção do relógio de Sol e a alternância entre o dia e a noite. Para isso, pode demonstrar o movimento de rotação com um globo terrestre, um foco de luz e um boneco de cartolina colado aproximadamente sobre a área onde mora, com a face voltada para o leste e as costas para o oeste.

Nessa demonstração, deve girar o globo de oeste para leste e imaginar-se no lugar daquele boneco, em diferentes momentos do dia. Durante o movimento, é importante associar os diferentes momentos da rotação com as posições em que o Sol se encontrava no céu quando foram feitos os registros com o *gnomon*. Quando o boneco começar a ver a luz do Sol (início da manhã), pode-se perguntar de que lado da cidade o Sol é visto de manhã cedo. Esse é o leste. É importante garantir relações entre os referenciais de localização construídos com o relógio de Sol e os mesmos referenciais agora estabelecidos sobre a Terra. O aluno deve perceber que o fato da Terra realizar um movimento no sentido de oeste para leste gera um referencial de localização: a direção leste-oeste e o polos Norte e Sul.

É necessário pensar a introdução das coordenadas geográficas como uma aquisição que, apesar de engendrada a partir das relações topológicas, traz as qualidades de relações espaciais. Dando continuidade ao trabalho realizado com o relógio de sol, o uso do globo terrestre possibilita pensar as relações entre o movimento aparente do Sol e o movimento de rotação da Terra e chegar às coordenadas geográficas. Estas são aquisições complexas, que vão se formando em diferentes situações por meio de relações entre o que o aluno já sabe e novas informações, observações etc., até que se forme uma *rede conceitual* sobre localização e orientação espacial.

Localização e orientação são, portanto, conceitos a serem construídos ao longo da escolaridade. A observação do céu foi, e ainda é, o ponto de partida para se estudar as coordenadas de orientação. Elas foram construídas, através dos séculos, para atender à necessidade de localização e orientação dos navegadores e exploradores de terras e mares. Hoje, as coordenadas geográficas continuam necessárias na construção do conceito de mapa e na representação cartográfica da informação espacial.

UM POUCO DE PIAGET

A teoria de Jean Piaget foi mencionada nos capítulos anteriores para explicar aspectos da representação do espaço. Piaget, com o apoio de uma equipe de pesquisadores, realizou diversos estudos que lhe possibilitaram criar uma das teorias genéticas mais completas sobre o desenvolvimento cognitivo do homem. Ainda que hoje, à luz de outras teorias, a proposta de Piaget sofra certas restrições, quanto à representação do espaço seus estudos permanecem fundamentais.

Em *A representação do espaço na criança*, escrito por Piaget e Barbel Inhelder, estão relatadas as pesquisas sobre a gênese da representação espacial. Cabe lembrar que as preocupações dos autores estavam voltadas para o espaço matemático, geométrico, que, mesmo não se referindo ao espaço terrestre da mesma forma que a Geografia, consistem na base da Cartografia.

Em sua primeira parte, o livro trata das relações espaciais topológicas elementares. Os autores afirmam que a principal dificuldade na investigação do espaço refere-se ao fato de a construção das relações espaciais ocorrer em dois planos: o *plano perceptivo,* ou sensório-motor, e o *plano representativo* ou intelectual. O objetivo da obra é estudar o desenvolvimento do espaço representativo.

O que caracteriza o espaço perceptivo são as relações espaciais topológicas elementares, cuja principal é a de vizinhança (elementos percebidos dentro de um mesmo campo). A partir dela surgem as demais relações espaciais elementares: separação, ordem (que se refere a percepções ordenadas tanto no espaço como no tempo), circunscrição (envolvimento) e continuidade. Será apenas por volta dos 7-8 anos que o espaço perceptivo dará lugar ao espaço intelectual. Ambos, no entanto, são construídos com base na motricidade.

Esta foi, aliás, a fonte das percepções espaciais mais elementares e é, também, a fonte das operações.

Os estudos genéticos de Piaget levaram-no a estabelecer estádios próprios do pensamento infantil. Os estádios correspondem a tipos de respostas às situações apresentadas, que caracterizam uma etapa na aproximação da resposta da criança em relação àquela esperada para o experimento. Os estádios estão associados a faixas etárias. As idades mencionadas aqui servem apenas como referencial, o mais importante é perceber a gênese das relações espaciais.

Para iniciar as pesquisas sobre a representação espacial, Piaget e Inhelder partiram do estudo do desenho em duas situações: desenho espontâneo e cópias de formas geométricas.

No estudo dos desenhos espontâneos usaram os estádios do desenho infantil definidos por Luquet, ou seja: incapacidade sintética, realismo intelectual e realismo visual.

O quadro a seguir resume as ideias de Luquet e Piaget sobre o desenvolvimento do desenho infantil. A fase realismo fortuito não consta do quadro.

Desenvolvimento do desenho infantil segundo Luquet e Piaget

Idade	LUQUET	PIAGET
De 3 a 5 anos	Incapacidade sintética: a representação já é intencional, porém o desenho difere do objeto representado, pois a criança imagina o que vai representar e depois executa os movimentos gráficos, podendo omitir objetos, ou exagerar dimensões. A inabilidade resulta da falta de domínio dos movimentos gráficos; a atenção da criança ainda é limitada e descontínua, levando-a a não registrar certos detalhes apesar de tê-los percebido.	Aparecem as relações topológicas: a de vizinhança (presente desde a fase anterior), visível na aproximação das diversas partes do desenho, que antes ficavam dispersas pela folha; a de separação, pois ocorrem elementos distintos entre si; a relação de ordem inicia-se neste nível, havendo ainda inversão de posições; envolvimento, observado em figuras simples pelo fechamento e pelo destaque de elementos no interior de uma figura; e na continuidade ocorre apenas justaposição, ainda não aparecem sequências de elementos.

Idade	LUQUET	PIAGET
De 6 a 9 anos	**Realismo intelectual**: a criança desenha o que sabe sobre o objeto e não apenas o que vê, apresentando o desenho grande discrepância entre a concepção adulta e a concepção infantil de semelhança. Há, nesta fase, ausência de elementos visíveis e acréscimo de elementos que não são visíveis. Caracteriza-se por eliminação de elementos (tronco dos bonecos, por ex.), formas peculiares de perspectivas, transparências, mistura de pontos de vista e justaposição espacial e temporal.	Após atingir a *síntese gráfica*, a criança permanece por longo tempo fixa a um tipo de desenho. Discordando de Luquet quanto à inabilidade e desatenção da criança, Piaget vê no realismo intelectual o início da inclusão das relações projetivas e euclidianas, porém ainda incoerente em suas conexões. Há falta de coordenação de pontos de vista. Crianças de 7-8 anos desenham com rebatimento. As relações euclidianas são percebidas nas retas, ângulos, círculos, quadrados e outras figuras geométricas, sem medidas ou proporções precisas. Por volta de 8-9 anos aparece a conservação simultânea das perspectivas, das proporções, medidas e distâncias.
De 9 a 10 anos	**Realismo visual**: o desenho da criança aproxima-se do desenho do adulto. Aparece o cuidado com as perspectivas, proporções, medidas e distâncias, há conservação das posições reais das figuras.	Percebe-se que as relações projetivas e as relações euclidianas surgem juntas. As relações projetivas possibilitam conservar o ponto de vista, isto é, determinar a posição real das figuras; as relações euclidianas determinam e conservam as distâncias recíprocas.

Cabe retomar, aqui, a discussão do desenho apresentado no primeiro capítulo. Aquele desenho é tipicamente uma produção do realismo visual, no qual há grande semelhança com os desenhos dos adultos, conservação de perspectivas para a projeção das ruas e quadras (vistas de cima) e para a projeção das casas que aparecem, quase todas, rebatidas sobre o plano das quadras (A). Notam-se desdobramentos dos planos vertical e horizontal na igreja, pois as escadas são vistas de cima e a frente da igreja está rebatida (B). O aluno inclui uma linha inclinada na entrada da escola (C) para indicar que há um aclive, isto é, a escola está em um plano acima daquele da rua. Os objetos guardam proporção entre si, não existindo construções de tamanho exagerado em relação às demais. Mesmo não sendo um mapa, este desenho já apresenta características do espaço projetivo e euclidiano.

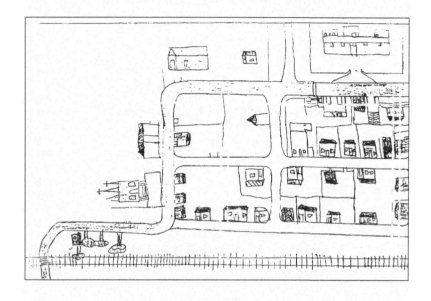

Nos capítulos iniciais de *A representação do espaço na criança*, Piaget & Inhelder tratam das relações topológicas elementares de ordem, envolvimento e continuidade. A noção de continuidade foi estudada num experimento em que a criança era solicitada, primeiramente, a dividir um quadrado em partes cada vez menores e, num segundo momento, reconstituir uma linha a partir de vários pontos. Encontra-se, na concepção do contínuo, uma contradição insolúvel: o todo é contínuo e seus elementos descontínuos. Essa contradição parece explicar o fato de somente a partir dos 11-12 anos a criança atingir a síntese do contínuo. Só aí é capaz de elaborar o contínuo (o espaço é contínuo e possível de ser dividido em infinitos pontos) como formado por pontos invisíveis e hipotéticos, dedutíveis apenas em pensamento.

A principal diferença entre as relações topológicas e as relações projetivas e euclidianas está na maneira de coordenar as figuras entre si. O espaço topológico é interior a cada figura, não há um espaço total que inclua todas elas. Trata-se, ainda, de uma análise de cada objeto considerado em si mesmo, faltando um sistema que organize todos os objetos em uma única estrutura.

No espaço projetivo e euclidiano, ao contrário, os objetos são situados por meio de projeções ou perspectivas e de coordenadas. Por isso, as estruturas projetivas e euclidianas são mais complexas e de elaboração mais tardia.

Os autores abordaram o espaço projetivo a partir da construção da reta projetiva e, em seguida, da projeção das sombras, das coordenações do conjunto de perspectivas, das secções e, no último capítulo sobre este assunto, trataram do rebatimento de superfícies.

Apesar da percepção da reta ser muito precoce, a representação da mesma pressupõe o espaço projetivo. No experimento realizado, os autores pediram às crianças que alinhassem postes (fósforos plantados em uma rodela de massa de modelar) sobre uma mesa quadrada ou retangular, e uma mesa redonda. Os palitos representavam postes que as crianças deveriam plantar para construir uma linha telefônica bem reta, ao longo de uma estrada também reta. O experimentador plantava o primeiro e o último poste e pedia à criança para plantar os demais. Chegaram às seguintes constatações:

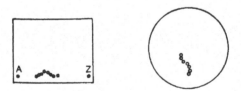

– Antes de quatro anos, há ausência de representação da reta e o predomínio da linha topológica, que é definida apenas pela vizinhança dos elementos, isto é, cada poste é situado em relação ao anterior por meio da relação frente-atrás;

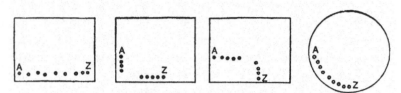

– Entre 4 e 5 anos, a criança é capaz de colocar os postes em linha reta, quando esta linha é paralela a uma borda da mesa retangular ou quadrada, borda que serve de apoio perceptivo à construção da reta; predomina ainda a relação topológica;

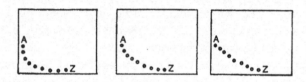

– Acima de cinco anos, aparecem reações intermediárias, a criança descobre que a visão não é a mesma de diferentes pontos de vista, descobrindo a reta projetiva por meio da operação da "mirada". Nessa operação, a criança mira o último poste a partir do primeiro e alinha os demais segundo esse ponto de vista. Há, pois, o início da coordenação de pontos de vista;

– Entre 6-7 anos, já há construção operatória da reta projetiva por meio das condutas de miradas, chegando à reta euclidiana como o trajeto mais curto de um ponto a outro, diferindo das curvas, comuns nas construções dos estádios anteriores.

Piaget e Inhelder apresentam diversos fatos no que tange à construção do espaço projetivo. O primeiro é a construção da reta projetiva. O segundo refere-se à compreensão da lei das transformações perspectivas (as crianças constroem a forma que corresponde a cada ponto de vista em função dos deslocamentos do objeto). E o terceiro fato é a descoberta do ponto de vista próprio, o que corresponde a situá-lo entre os outros, coordenando-o com eles.

Quando, em torno dos 7-8 anos, iniciam-se as operações concretas, quanto ao espaço projetivo, ocorre a diferenciação dos pontos de vista, o que supõe uma liberação do egocentrismo inicial e uma coordenação das perspectivas, por meio de um agrupamento das relações constitutivas das três dimensões do espaço.

Para quem trabalha com o ensino de mapas, um estudo interessante sobre a coordenação das perspectivas está relatado no capítulo oito da obra de Piaget e Inhelder, no qual são estudadas as relações frente-atrás e direita-esquerda (relações de ordem), usadas para distinguir os dois sentidos possíveis do percurso de uma sequência.

Para esse estudo, eles utilizaram um maciço com três montanhas, que poderiam ser distinguidas por cores diferentes e por apresentarem detalhes distintivos, como pico com neve, nascente etc. Foram empregadas três técnicas de questionamento: solicitar à criança que arrumasse três cartões correspondentes às três montanhas, indicando a fotografia que poderia ser tirada das posições A, B, C e D; na segunda técnica, a criança deveria escolher dentre dez cartões, que representavam possíveis fotos do maciço, aquele que correspondesse à posição de um determinado boneco; e, na terceira, dada uma foto do conjunto do maciço, a criança deveria indicar a posição da qual o boneco pudesse ter tirado a foto. Foram entrevistadas 100 crianças com idades de 4 a 12 anos.

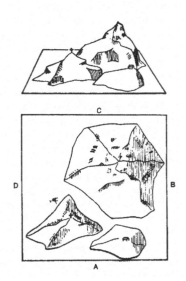

Crianças menores de 5-6 anos não conseguem antecipar uma perspectiva diferente da sua, mesmo percebendo que não têm a mesma visão quando mudam de lugar.

Sob esse aspecto, retomo os estudos de Lurçat. Parece que o desenvolvimento da lateralidade está relacionado com a coordenação da perspectiva, uma vez que, somente aos 8-9 anos a criança reconhece, com precisão, direita e esquerda no próprio corpo, não podendo, pois, coordenar esses referenciais para determinar perspectivas antes dessa idade. A fase entre 4-5 anos caracteriza-se por apresentar as perspectivas ligadas ao ponto de vista próprio. Já entre 5 e 6 anos a criança consegue entrever a relatividade de certas relações, o que se estabiliza sob a forma de "pré-relações". A criança, embora já perceba que os outros observadores terão uma imagem diferente da sua, apega-se a um quadro rígido do maciço e orienta-o para um ou para outro lado. Verifica-se o que os autores chamaram de "semirrelatividade". Isso ocorre devido a duas ilusões dessa fase. Em primeiro lugar, a criança está certa de que as relações entre as montanhas são rígidas, isto é, o maciço forma um todo imutável qualquer que seja a perspectiva assumida. Em segundo lugar, a criança ainda permanece sob a ilusão egocêntrica. As designações "frente" ou "atrás", "direita" ou "esquerda" não são ainda relativas, pois ela não as inverte com a mudança de perspectiva, procurando colocar-se sob o ponto de vista de outros observadores.

É apenas entre 6-7 anos que as crianças passam a compreender que as mudanças de posição implicam transformações nas relações internas do maciço. Porém, ainda ocorrem "erros residuais" que se referem às relações de esquerda e direita, uma vez que as relações frente e atrás são modificadas com maior facilidade, tornando-se reversíveis mais rapidamente.

Sobre as conclusões dos autores quanto ao relacionamento das perspectivas, gostaria de destacar os seguintes pontos:

– O ponto de vista próprio só poderá dar lugar a uma representação objetiva à medida que for diferenciado dos outros pontos de vista possíveis;

– A construção das relações projetivas supõe uma coordenação do conjunto dos pontos de vista – pois um ponto de vista não poderia existir isoladamente – e, também, a existência de um sistema ou coordenação de todos os pontos de vista (isto diferencia o espaço projetivo das relações topológicas); – Outra diferença entre as relações projetivas e as topológicas refere-se à maneira pela qual as operações se integram às percepções. No sistema de relações projetivas, as operações consistem em coordenar os dados segundo relações de reciprocidade. O espaço projetivo consiste em ligar entre si as inúmeras projeções de um mesmo objeto.

Neste ponto, gostaria de destacar um trecho muito curioso, no qual os autores apontam uma possível influência do ensino sobre o desempenho das crianças:

> Em particular, quando a criança está acostumada, por seu *meio escolar*, ao dobramento e desdobramento das figuras, é bem-sucedida *dois ou três anos* antes do que os sujeitos não habituados a tais ações (grifo meu).

É possível deduzir, então, que os procedimentos usados no ensino podem ou não favorecer o desenvolvimento do pensamento, a construção de conceitos e a aquisição de habilidades. Isto relativiza os estádios e as idades indicados por Piaget e abre um questionamento sobre a relação entre a gênese das estruturas cognitivas e o ensino.

Para finalizar o estudo da representação do espaço, falta estabelecer as relações possíveis entre os objetos, ou melhor, abordar como se estabelecem as coordenações entre os objetos, organizadas pela construção dos sistemas de coordenadas.

Este último aspecto refere-se ao espaço euclidiano, abordado por Piaget e Inhelder em estudos sobre a construção das paralelas, das semelhanças, das proporções e das coordenadas (horizontal e vertical).

Do estudo sobre a construção das paralelas, concluíram que o paralelismo constitui-se de forma concomitante à noção de ângulo. E que o paralelismo não é percebido sem erros, mesmo por adultos, o que se deve ao caráter abstrato das noções geométricas. As noções de reta e de paralelas constituem um início de organização dos sistemas de coordenadas.

A construção geométrica das proporções implica as noções de ângulo e de semelhança. Os autores estudaram como a criança reconhece as semelhanças de dois triângulos encaixados, a partir do paralelismo de seus lados, e como passa desse paralelismo dos lados à igualdade dos ângulos. Constataram que a partir dos 6-7 anos, há a descoberta da invariância da diferença entre as medidas nas figuras proporcionais. Essa descoberta, consolidada a partir dos 8-9 anos, permite definir uma proporção matemática.

Chamo a atenção para o fato de que a escala cartográfica expressa uma proporção entre as medidas do mapa e as medidas reais. Sua compreensão, por parte da criança, implica, então, a equilíbração da proporção, o que tem também uma implicação pedagógica: no ensino da escala, a comparação entre segmentos proporcionais leva o aluno a estabelecer a relação de proporção como base para a compreensão da escala. Esse é o objetivo da atividade "planta com barbante" descrita nos próximos capítulos.

Resta ainda comentar os estudos sobre a construção da horizontal e da vertical. A construção da horizontal foi estudada por Piaget e Inhelder por meio de um experimento no qual as crianças deveriam antecipar o nível da água contida em vidros de formas diferentes quando estes eram inclinados.

A vertical foi estudada em duas situações: a primeira, com o uso de um fio de prumo preso na tampa dos vidros, e, a segunda, com o uso de uma montanha de areia em cima da qual as crianças deveriam espetar postes, árvores e casas. Em seguida, eram solicitadas a desenhar a montanha com esses objetos espetados.

A principal preocupação dos autores foi investigar a gênese das coordenadas, que têm, como caráter essencial, a possibilidade de coordenar indefinidamente as colocações dos objetos. Por diversas técnicas combinadas de questionamento sobre a horizontal e a vertical, estabeleceram que as crianças apresentam respostas cada vez mais adequadas, sendo que por volta dos 6 anos indicam, corretamente, a direção do líquido, mas não coordenam ainda esse nível previsto com um sistema de referência exterior ao vidro. Elas usam a horizontal apenas quando o vidro é virado de boca para baixo. Quanto à vertical, conseguem plantar corretamente as árvores e postes no flanco da montanha, mas desenham perpendicularmente aos lados e malogram na previsão da direção do fio de prumo, conforme mostra o desenho:

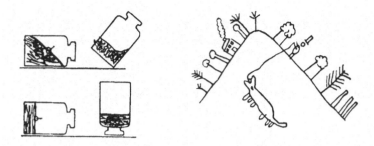

Nessa fase inicia-se o processo de descoberta da horizontalidade e da verticalidade, o qual concretiza-se quando ocorre a antecipação da vertical e da horizontal, constituindo um sistema de conjunto de coordenadas. Veja-se o desenho:

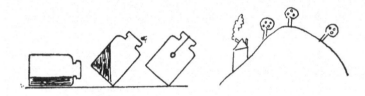

O último bloco de experimentos realizado pelos autores foi sobre os esquemas topográficos e o mapa da aldeia. Eles consideraram que o mapa de uma área pequena seria um meio adequado para o estudo de dois problemas. O primeiro consistia em situar um objeto em relação a um sistema de referência natural. O segundo, em fazer reproduzir a área em questão por meio de peças de um arranjo ou de um desenho.

O primeiro problema foi estudado com o uso de dois relevos exatamente iguais (modelo A e modelo B), sendo então o segundo invertido (rotação de 180º), e os modelos separados por um anteparo. Solicitaram, às crianças, que colocassem um boneco no modelo B na mesma posição ocupada por ele no modelo A. Na segunda prova, foi pedido às crianças que desenhassem, sobre uma folha de papel reduzida, uma aldeia, vista de 45º ou de cima.

Os resultados da primeira prova apontaram que crianças com menos de 4 anos determinam as posições graças às relações topológicas de vizinhança e de envolvimento; para crianças de 4 a 7 anos, já interferem os fatores perceptivos e intuitivos, há um início de coordenação entre as posições de diversos elementos e as relações de esquerda e de direita, de frente e de trás intervêm na escolha do sujeito, mas não há, ainda, coordenação de conjunto, por falta de compreensão dos efeitos de rotação, nem estruturação de conjunto dos objetos segundo um sistema de coordenadas, por falta de referenciais que englobem dois ou três elementos; a partir dos 5 anos, há uma coordenação progressiva tanto das relações projetivas quanto euclidianas; a partir dos 7 anos, há sucesso geral em todas as relações, o boneco é colocado, de imediato, em função de um duplo sistema de referência segundo as duas dimensões do plano.

O segundo experimento, desenho a 45°, apresentou os seguintes resultados: a partir dos 4 aos 6-7 anos a criança coloca os objetos em correspondência lógica, mas não chega à localização em função de um sistema de coordenadas por não saber "multiplicar" as relações de ordem e de distâncias entre si segundo as três dimensões; aproximadamente aos 7-8 anos, a criança reproduz os modelos pela técnica da construção imitativa, abstração feita das distâncias exatas e reduções de escala – nesse nível, apenas as distâncias métricas permanecem inexatas, porém os sujeitos dispõem os objetos segundo as relações de esquerda ou direita e de frente ou atrás. Além disso, a visão perpendicular começa a diferenciar-se do ponto de vista a 45°. Apresentam-se, entretanto, planos intermediários com telhados cortados, vistos de lado e vistos de cima. Falta, ainda, nesse nível, a capacidade de levar em conta distâncias exatas; a partir dos 7 anos há uma melhoria das distâncias e proporções, os sujeitos nesse nível reduzem o conjunto das proporções, quer se trate do tamanho dos objetos, quer do intervalo que os separa. O desenho topográfico está resolvido no que se refere às posições e às distâncias, à perspectiva e às proporções. Falta, no entanto, a esquematização capaz de substituir a representação dos objetos concretos pelo desenho da superfície ocupada.

Com 9 anos, o plano esquemático e as coordenadas métricas são atingidos. O seguinte comentário dos autores sobre esse estágio

70

ressalta a relação entre a aquisição de estruturas cognitivas e a aprendizagem escolar:

> No caso dos esquemas topográficos, assistimos a uma passagem comparável do natural ao convencional, ou, melhor dizendo, do concreto ao formal, mas, como o desenvolvimento das operações formais torna possível a aquisição de noções escolares relativas aos esquemas cartográficos e aos eixos de coordenadas, as crianças de 11 e 12 anos que interrogamos apresentam *uma mistura de noções elaboradas individualmente e de noções adquiridas* (grifo meu).

Como este ponto é particularmente interessante, cito ainda o seguinte trecho:

> Vê-se o quanto os *conhecimentos escolares* que transparecem nessas respostas são integrados no conjunto das noções das quais conhecemos a gênese através das análises precedentes: afinal, nenhuma aquisição é possível a não ser por assimilação a esquemas prévios, e, do mesmo modo que a criança desenha bem antes de receber lições de desenho, ela também constrói, no curso de suas atividades diversas, um conjunto de noções relacionadas às coordenadas, às perspectivas e às semelhanças ou proporções, que lhe permitem cristalizar, numa certa idade, esse sistema de operações efetivas ao redor de elementos novos *introduzidos em seu espírito pelo ensino* (grifo meu).

Ou seja, a representação do espaço é uma ação interiorizada e não simplesmente a imaginação de um dado exterior qualquer, resultado da ação. A evolução desse processo ocorre da seguinte forma: primeiro estabelece-se a atividade sensório-motriz elementar; depois surge a ação ligada à imaginação, a qual só é possível após ter sido realizada materialmente; depois, a coordenação das ações exteriores amplia-se, o que repercute também em uma coordenação interna (articulação progressiva das intuições); mais tarde, formam-se as operações concretas que resultam dessa articulação. Nesse nível, as ações interiorizadas são suficientemente coordenadas para adquirirem reversibilidade. Com o desenvolvimento das coordenadas operatórias é possível chegar a um tipo de pensamento que considera vários sistemas simultaneamente, o que caracteriza as operações formais. Então, não há mais intuição e começa um tipo de pensamento que prepara a *axiomatização* do espaço.

Considerando a representação do espaço sob essa ótica, tenho algumas reflexões sobre o ensino de cartografia na escola. Para começar, a representação do espaço não pode ser tratada de modo abstrato, partindo de produtos prontos, acabados e veiculados em diferentes materiais didáticos. O aluno deve construir o *conceito de mapa*, ele precisa se dar conta do que é um mapa, de como é produzido: por meio do sistema de coordenadas, em escala, a partir de uma projeção do espaço tridimensional sobre o plano do papel. Para tanto, é imprescindível que o aluno tenha domínio das relações espaciais euclidianas e projetivas. Além disso, o modo de ensinar (metodologia) não pode ser o discurso e o uso de materiais prontos. A construção de conceitos exige diferentes situações, nas quais um problema instigue o aluno, desafiando suas estruturas de pensamento.

Antes de terminar, quero fazer duas ponderações sobre o aporte piagetiano. Primeiro, é válido ressaltar que as faixas etárias, citadas nos experimentos, não correspondem àquelas verificadas por outros estudiosos. Penso que os estádios devam ser considerados, no seu conjunto, como formas de pensamento típicas de um certo período, articulado com o período precedente e o subsequente.

A segunda ponderação refere-se à ausência de influências individuais e sociais nos estudos de Piaget. Em uma entrevista, Piaget disse que:

> A afetividade é fundamental como motor da ação. Se não nos interessamos por alguma coisa, nada fazemos, certamente, mas isto não é senão um motor e não a fonte das estruturas do conhecimento. Meu problema está no conhecimento, eu não tenho razão para me ocupar de problemas afetivos, mas não é por discordar, é por distinção, diferenciação de interesses, não é meu domínio, e de uma maneira geral, eu tenho vergonha de dizer, eu me interesso pouco pelos indivíduos, pelo individual, eu me interesso pelo que é geral no desenvolvimento da inteligência e do conhecimento, enquanto que, uma psicanálise é, por essência, uma análise das situações individuais, dos problemas individuais etc.

Em sua consideração, o desenvolvimento intelectual compreende também aspectos afetivos. No processo de desenvolvimento cognitivo é a "vontade" e o "estar atento para" que determinam os eventos que provocam desequilíbrio. Nota-se que os aspectos afetivos não são descartados por Piaget, mas também não são devidamente considerados, pois ele mesmo afirma que este assunto deve ser abordado pela psicanálise. Na escola, a afetividade e a socialização do conhecimento têm grande importância nas relações de aprendizagem, razão pela qual é necessário lançar mão também de outros estudos ao pensar na elaboração de atividades de ensino. Para finalizar, destaco ainda uma contribuição importante. As constatações piagetianas trazem um outro caráter para a avaliação do aluno. Para Piaget não há erro, ou melhor, é a partir de respostas, aparentemente erradas, que se pode conhecer o pensamento da criança. O "erro" funciona como ponto de reflexão. Para tanto, é necessário que o professor esteja familiarizado com a teoria de Piaget, a qual pode se tornar um quadro de referência para a interpretação das produções do aluno. Esta visão mudou a avaliação, por exemplo, no ensino da leitura e escrita. As respostas das crianças, anteriormente consideradas como erros, ou até distúrbios, são vistas como indicadores de seu nível de conceitualização da escrita. Espero que a leitura deste livro ajude os professores a identificarem nos desenhos do espaço, feitos por seus alunos, a conceitualização da representação espacial. Conforme disse Wadsworth:

> Minhas interpretações dos escritos de Piaget resultam em algumas implicações de natureza muito genérica; *elas não constituem remédio para os problemas educacionais. Elas são um ponto de partida* (grifo meu).

A PROJEÇÃO NO PLANO

Os pressupostos de Piaget fornecem uma base teórica abrangente para o ensino de conceitos cartográficos. As questões de aprendizagem envolvidas na projeção da superfície da Terra sobre o plano do mapa ganhariam muito se fossem consideradas a partir da construção das relações espaciais projetivas. Nesse sentido, apresento mais uma atividade de ensino que, em conjunto com aquelas sugeridas nos capítulos anteriores (mapa do corpo, determinação de quadrantes na sala de aula, relógio de Sol, simulação do movimento de rotação da Terra), tem como objetivo chegar ao conceito de mapa. Atividade de ensino é um conjunto de situações relacionadas entre si, nas quais o aluno deve "resolver problemas" que vão exigindo cada vez mais abstrações. Ao final desta nova atividade, o aluno terá elaborado uma planta baixa da sala de aula.

PRODUÇÃO E EXPLORAÇÃO INICIAL DA MAQUETE DA SALA DE AULA

A escolha da sala de aula como espaço preliminar deve-se ao fato de ela ser uma área de convívio dos alunos, o que lhes permite refletir sobre um espaço que é conhecido, vivenciado e recorrente. Essas qualidades fazem da sala de aula um lugar especial para um trabalho de representação do espaço que intente partir de relações topológicas para atingir formas de representação projetivas e euclidianas.

Para localizar-se nesse espaço, o aluno terá que usar referenciais do local onde se encontra, estabelecendo-os a partir da projeção de si mesmo na sala, com base, primeiro, no eixo frente-atrás, e, depois, no eixo direita-esquerda.

Ao iniciar a atividade, o aluno deverá observar a sala de aula do lugar onde está. Deverá identificar o que está à sua direita, à sua esquerda, à sua frente e atrás. Deverá, também, indicar sua localização dentro da sala, em relação aos lados direito/esquerdo e frente/atrás. Para definir melhor essa localização são traçadas no chão as linhas que determinam os quadrantes: frente-direita, frente-esquerda, atrás-direita, atrás-esquerda. O lugar de cada um na sala (por exemplo na frente e à direita) é dado, então, em relação a esses quadrantes.

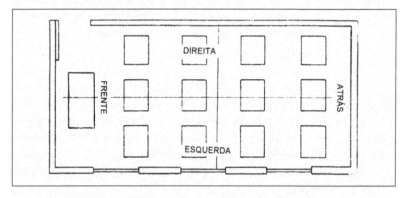

O importante é o aluno perceber que essa localização, apesar de imprecisa por determinar uma área e não um ponto, serve para dizer onde ele está e onde estão seus colegas, ou quais são os alunos que ficam em cada um dos quadrantes.

Deve perceber, também, que essa localização é dada pela intersecção de duas coordenadas que definem quatro áreas: frente-direita, frente-esquerda, atrás-direita e atrás-esquerda.

Em função da posição dos alunos nesses quadrantes, altera-se a perspectiva que têm da sala de aula.

O registro dessa perspectiva – por meio do desenho feito do lugar onde o aluno se encontra, e com este olhando para a frente – permitirá a reflexão sobre o que se vê de um ponto fixo e o que se sabe que existe, mas não se encontra visível desse ponto. A comparação dos desenhos feitos por alunos sentados nos diversos cantos da

sala deve provocar reflexões: por que alguns elementos estão presentes em alguns desenhos e ausentes em outros? Os desenhos mais parecidos foram feitos por alunos que sentam próximos entre si? Quem conseguiu incluir mais elementos em seu desenho: quem senta na frente ou quem senta atrás? Essa discussão sobre a representação a partir de diferentes pontos de vista é essencial para o aluno perceber que a perspectiva assumida pelo observador determina o que ele deve incluir no papel. Nesta situação deve ser apresentado o ponto de vista de cima como uma solução para, quando se deseja uma visão mais ampla da área, que inclua grande quantidade dos elementos existentes no espaço. No caso desta atividade de ensino, como não é possível assumir o ponto de vista de cima (do teto), sugere-se a confecção de uma maquete da sala de aula.

O uso de maquetes favorece a passagem da representação tridimensional para a bidimensional, por possibilitar domínio visual do espaço, a partir de um modelo reduzido. Na atividade proposta, essa redução, apesar de não conservar as mesmas relações de comprimento, área e volume do real (ou seja, apesar de não seguir uma escala única), permite ao aluno ver o todo e, portanto, refletir sobre ele. Além disso, as maquetes são conhecidas das crianças, acostumadas com brinquedos que são miniaturas de objetos reais.

O principal objetivo do trabalho com a maquete é chegar ao ponto de vista vertical, por isso não é necessário construí-la em escala. Os tamanhos da maquete e dos objetos que figuram dentro dela devem ser definidos por comparação e aproximações entre o real e os materiais disponíveis (caixas de papelão, de sapato, de fósforos, embalagens de remédios, creme dental, sabonete etc.). A questão da redução, da escala, certamente estará presente, mas não como um conceito preciso, acabado.

Outro aspecto a ser considerado é a forma como os elementos reais encontram-se representados. Apesar das maquetes aproximarem-se do real, na confecção das mesmas há uma eleição de símbolos representativos dos objetos. Além disso, há certo grau de generalização, pois não se faz uma redução de tudo o que existe, até mesmo por existirem elementos impossíveis ou desnecessários de figurar nas maquetes.

Mas, o mais importante quanto ao domínio sobre o espaço é que o uso da maquete projeta o observador fora do contexto espacial no qual ele se insere, permitindo-lhe estabelecer, inicialmente, relações espaciais topológicas entre a sua posição e a dos elementos da maquete. Porém, com seu deslocamento ao redor do modelo, deverá assumir perspectivas diferentes. Terá que se descentrar ao estabelecer referenciais na própria maquete, referenciais que definirão a localização dos objetos. Dessa forma, o modelo permite certa manipulação dos elementos, deslocando-os conforme o interesse do observador e criando um jogo que provoca a desequilibração do sujeito na busca das soluções para contínuas alterações de localização: primeiro, do observador em relação à maquete, e depois, dos elementos da maquete uns em relação aos outros.

A primeira tarefa é, então, construir uma maquete da sala de aula com sucata. Não se recomenda o uso de materiais prontos, para recortar ou montar pois, uma vez que são previamente estruturados, todos os problemas já foram resolvidos: estão em escala, a forma de representação está definida, o aluno não terá problema sobre o qual pensar, deverá apenas recortar e colar peças.

Usando materiais de sucata e trabalhando em grupos, os alunos devem construir a maquete. Os seguintes procedimentos podem ser utilizados na construção e exploração da maquete:

– Observar a sala de aula para identificar os objetos (mesas, carteiras, armários etc.) que se encontram em seu interior e estabalecer sua localização;

– Escolher a forma de representação: por meio de caixas, tampinhas, botões etc.;

– Confeccionar a maquete, cuidando para que os objetos em seu interior conservem o mesmo número e as mesmas posições daqueles da sala;

– Observar a localização do mobiliário: à direita da porta, à esquerda do quadro negro etc. Esse exercício de localização levará o aluno a situar objetos utilizando-se de pontos de referência fixos;

– A partir da localização de sua posição na sala, o aluno passa a localizar seus colegas, em relação, inicialmente, aos referenciais de seu próprio corpo, identificando quem senta à sua frente, atrás, à sua direita e à sua esquerda (o aluno deve observar a maquete e não a sala de aula);

– Depois, os quadrantes que já foram identificados na sala de aula devem ser traçados no fundo da maquete. Por meio dos quadrantes cada aluno identifica sua posição. Eles também servem de referência para possíveis deslocamentos: "se você trocar de lugar com fulano, em que quadrante você vai ficar?". É importante ressaltar os *quadrantes opostos* e a *posição central*;

– Em outro momento, pode-se estabelecer a localização a partir de linhas coordenadas: "minha carteira fica na segunda fila, terceira coluna". Esta observação é uma preparação para a leitura das coordenadas geográficas.

Em suma, ao construir e explorar um modelo reduzido da sala de aula, os alunos defrontam-se com questões sobre: proporção entre os objetos da sala; redução desses objetos; formas de representá-los; localização dos alunos e dos objetos, em relação a outros elementos da sala ou aos eixos frente-atrás e direita-esquerda; e sobre as diferenças do que é ser visto a partir de distintos pontos de vista.

Esta atividade foi desenvolvida com alunos de 4ª e 5ª série do ensino fundamental (as mesmas turmas já mencionadas no capítulo

Alunos da 5ª série.

"A criança e o espaço"). O relato dessa experiência, creio, pode ser interessante para outros professores.

Antes de propor a construção da maquete para a turma de 4ª série, tracei os quadrantes no chão da sala de aula e pedi aos alunos que dissessem em qual deles estavam (frente-direita, frente-esquerda, atrás-direita, atrás-esquerda). Não houve dificuldade nesse tipo de localização. Uma menina sugeriu que usassem as fileiras para situar seus lugares. Introduzi, então, a ideia de sequência ordenada, com fileiras e carteiras. Vários alunos deram sua localização, usando os dois tipos de referenciais.

Discuti também a questão do ponto de vista, perguntando: "O que vocês poderiam ver, se estivessem sentados atrás e à esquerda? E na frente e à direita?" Perguntei, então, de que posição seria possível ver a sala toda de uma só vez. Responderam que isso não seria possível. Apresentei a ideia de construir a maquete para poder observar a sala toda de uma vez. A participação dos alunos foi intensa.

A principal dificuldade encontrada foi adequar o tamanho dos móveis ao da maquete. Algumas crianças resolveram emendar duas caixas. Em um dos grupos, os alunos insistiram em representar um número menor de carteiras porque dispunham apenas de caixas de fósforos para tanto. Sugeri que não precisariam usar a caixa inteira, e, com isso, decidiram cortar uma caixa de fósforos ao meio para ver se era possível incluir as 36 carteiras. Eles concluíram que era preciso cortar um pouco mais de caixas.

A solução encontrada por outro grupo foi colar duas caixas de sapato para aumentar o tamanho da sala, e substituir parte das caixas de fósforos por tampinhas que ocupavam menos espaço. O inconveniente de usar dois equivalentes (caixa de fósforos e/ou tampinhas) para representar o mesmo elemento foi discutido na aula seguinte.

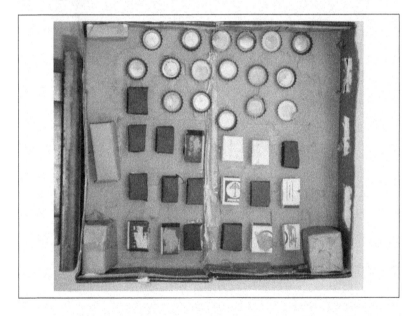

Percebi, portanto, que nenhum grupo antecipou o problema da proporção entre os objetos e a caixa da maquete.

Na próxima aula, os grupos apresentaram suas maquetes para os colegas. Das oito maquetes construídas, apenas duas (ver fotos) apresentavam todos os elementos da sala de aula, na quantidade certa e no lugar correto.

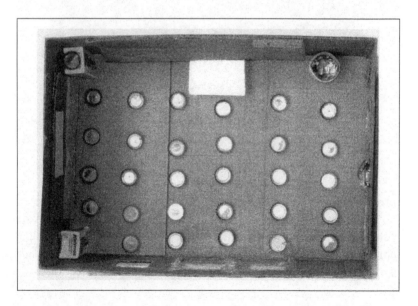

Alunos da 4ª série.

Cinco maquetes tinham um número menor de carteiras, e uma estava com a frente voltada para o lado esquerdo. Os alunos pediram para corrigir ou completar as maquetes. Receberam, então, uma folha com as orientações para trabalhar com a maquete (ver no final deste capítulo).

Nos mesmos grupos, fora da sala de aula (de maneira que não pudessem observar diretamente a sala, mas sim a maquete), os alunos trabalharam para resolver outras questões sobre localização e ponto de vista.

Primeiro, identificaram os referenciais já usados na sala: frente-atrás e direita-esquerda. Traçaram, no fundo da maquete, os quadrantes que resultam desses referenciais: frente-direita, frente-esquerda, atrás-direita e atrás-esquerda. Assinalaram seus respectivos lugares dentro da maquete, escrevendo seus nomes, e deram sua localização, usando, também, a ordem das fileiras e carteiras. Em seguida, os alunos observaram a maquete sob vários pontos de vista (exceto o de cima) e escreveram o que era possível e o que não era possível ver a partir de cada um deles. Por último, observaram a maquete de cima e registraram o que podia ser visto sob esse ponto de vista.

83

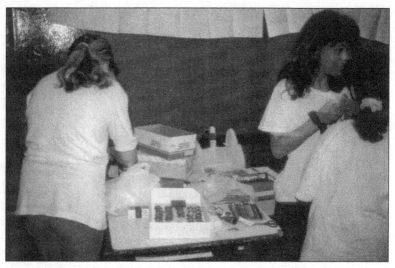

Alunos da 5ª série.

Na avaliação desse trabalho, notei que todos os grupos conseguiram solucionar bem as questões sobre localização. Resolveram corretamente a relação entre a mudança de ponto de vista e os elementos que poderiam ser observados. O ponto de vista de cima foi apontado pela maioria dos grupos como a solução para ver todos os elementos da maquete de uma só vez.

Com a turma de 5ª série, os procedimentos foram semelhantes. Durante a construção da maquete, notei que a principal dificuldade também foi definir o tamanho dos objetos para que todos coubessem na caixa. Na foto acima, pode-se ver uma maquete com carteiras representadas por tampinhas. O tamanho da caixa permitiu incluir 40 tampinhas, quantidade correspondente à de carteiras.

Outros alunos escolheram representar as carteiras (mesinhas) por meio de caixas de fósforos, e as cadeiras por tampinhas. Depararam-se, então, com um problema: as 40 caixinhas e as 40 tampinhas não cabiam na caixa de sapato. A solução encontrada foi emendar duas caixas.

Depois de terminarem as maquetes, cada grupo apresentou a sua, comentando como a fizeram e porque usaram determinados materiais para representar os elementos da sala de aula.

A 5ª série trabalhou com as mesmas questões da turma de 4ª série. Primeiro, assinalaram o lugar de cada um dos participantes do grupo, escrevendo seus nomes sobre as carteiras da maquete. Depois, identificaram, escrevendo em uma folha à parte, a localização desses lugares considerando os quadrantes frente-atrás e direita-esquerda, bem como a posição das carteiras e das fileiras.

Em um segundo momento, colocaram a maquete sobre uma carteira e, em pé, observaram-na de várias posições, anotando o que podiam ver, ficando à direita da maquete, depois, à esquerda, de frente e, finalmente, atrás dela. Logo depois, com a maquete no chão e os alunos em pé, compararam o que podiam abarcar a partir desse novo ponto de vista. Em uma folha de papel, desenharam o que viam da maquete nessa posição.

Levantei, então, o seguinte desafio: "É possível ver os elementos exatamente de cima? Como eles devem aparecer no desenho?" "Façam este desenho".

Entre os desenhos feitos pelos alunos, 76% apresentavam todos os elementos de forma ortogonal, isto é, sem rebatimentos ou traços como os pés das carteiras. Os 24% restantes ainda incluíam pés na mesa da professora, objetos vistos de frente ou rebatidos sobre o chão.

A etapa seguinte da atividade trata justamente da projeção da terceira dimensão no plano.

PROJEÇÃO DA MAQUETE NO PLANO

A projeção ortogonal da maquete em um plano pode ser feita colando-se um papel celofane transparente sobre a maquete, e traçando, com uma caneta para retroprojetor, o contorno dos objetos no papel.

Deve-se tomar o cuidado de observar um objeto de cada vez, exatamente de cima e com um olho fechado. Dessa forma, traça-se o contorno da superfície de cada objeto, como se esta fosse projetada perpendicularmente sobre a superfície do papel. Os rebatimentos que ocorreram devem ser comparados à projeção ortogonal do elemento rebatido para que o aluno perceba a diferença entre o que pode ser visto a partir do ponto de vista vertical e o que foi traçado.

85

Alunos da 5ª série.

É importante notar que, ao serem projetados no plano, os elementos da maquete não devem ser reduzidos.

Voltando ao relato da 4ª série, retirei o celofane de uma das maquetes, já com os contornos dos objetos, e colei sobre um papel branco. Em seguida, perguntei: "Em quê este decalque é diferente da maquete?" Um aluno respondeu: "Não tem a parede". Voltei a perguntar: "Como vocês representaram os elementos que estão nas paredes?"

Um dos grupos envolveu toda a maquete com o celofane e decalcou as janelas que, quando o papel foi descolado da maquete, apareceram rebatidas (ver figura na página ao lado). Questionei se esse decalque servia como mapa da sala de aula. Responderam-me que servia. Um menino disse que este era um mapa da caixa, e não da sala. Insisti: "Como desenhar, nesse celofane, os elementos das paredes, como as janelas?" Um menino respondeu: "Faz um risco no lugar da janela". Alguns alunos disseram que só com um risco não dava para saber que ali era o lugar da janela. Um grupo mostrou, então, que representara as janelas exatamente com um traço. Introduzi a ideia do uso da "legenda", dizendo que poderiam indicar que aquele risco era a janela.

Em seguida, uma menina perguntou: "Nós construímos a maquete para fazer um mapa, mas como é que 'eles' fazem os mapas?". (Esta pergunta indica exatamente o que se esperava atingir com as atividades da maquete – chegar ao processo de mapeamento, levando o aluno a deparar-se com os problemas que a cartografia deve resolver ao fazer os mapas. A pergunta mostra que a aluna se deu conta de que não é possível fazer mapas a partir de maquetes, e, então, quis saber como são feitos.) "Eles tiram foto do avião" – foi a resposta de um aluno. Outro acrescentou: "Eles também tiram foto dos satélites; quando eu morava em São José dos Campos, visitei o INPE e vi como eles fazem os mapas". Pedi que contasse o que viu. Ele contou que vira imagens de satélites, e uma máquina com computadores que desenham os mapas. Esse momento de discussão foi extremamente proveitoso, pois os alunos permaneceram muito atentos.

Voltando à folha de celofane, perguntei: "O que falta nesta folha para ser um mapa de verdade?" Uma menina disse: "É que aí as carteiras não estão muito certinhas, ficaram um pouco tortas". Um colega completou: "Tem coisa que está muito grande e tem coisa que está pequena". Observei que nas aulas seguintes eles iriam fazer um mapa em que isso não aconteceria.

Apresentei, então, outra questão: "Como vocês fariam para indicar cada um dos elementos da sala de aula representados no papel celofane?" As respostas foram: "Colocamos os nomes dos desenhos" e "escrevendo os seus nomes". Permaneceu aí a noção de legenda. Contornadas as paredes da maquete no papel, pode-se descolar a folha de celofane e comparar as plantas obtidas pelos grupos, percebendo suas semelhanças e diferenças. Também é preciso discutir a importância de se incluir uma legenda.

A comparação dos traçados do papel celofane com a maquete suscitou as seguintes constatações por parte dos alunos:

- No celofane os objetos da sala de aula aparecem vistos de cima;
- Os contornos, às vezes, não coincidem com a posição do objeto dentro da maquete, por terem ocorrido distorções na hora de decalcar;
- A mera observação desses contornos não indica o que eles significam, sendo necessário construir uma legenda.

A figura da página ao lado ilustra a sequência da operação de se projetar os elementos tridimensionais da maquete.

Outro aspecto importante que deve ser levantado é a comparação entre a maquete e a planta. O que possuem em comum? Como os objetos aparecem em cada uma dessas representações? Em qual delas a sala de aula está mais parecida com a real? Por quê? Nesta discussão, o tamanho dos objetos e a proporção entre eles podem ser apontados como inadequados para esses tipos de representação. Como fazer uma representação com os objetos proporcionais ao seu tamanho real? Introduz-se aqui a planta em escala, tema principal do próximo capítulo.

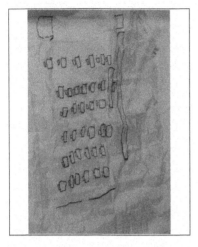

A

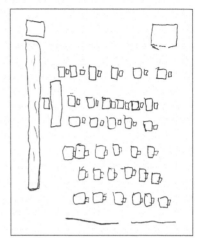

B

C

D

89

UMA QUESTÃO DE PROPORÇÃO

Como fazer uma representação em que os objetos conservem entre si as mesmas relações de proporção que mantêm na realidade?[1] Usando uma escala. Aparentemente simples, esta resposta aborda uma das questões mais complexas da representação espacial. Sua devida consideração requer que se tenha claro o que é escala e quais as aquisições necessárias à apropriação desse conceito.

Além disso, e aqui está o ponto principal, é necessário inserir o ensino da escala, no contexto da representação espacial por escolares, de maneira que esse conhecimento torne-se útil e significativo, e não uma série de cálculos inúteis de distâncias (como aqueles a partir de planisférios de atlas escolares, que não mantêm a mesma escala por toda a superfície do mapa).

Para os cartógrafos, a escala indica quanto os comprimentos foram reduzidos do terreno para o mapa. Ela expressa a proporção existente entre essas duas ordens de medida. Um comprimento D do terreno será representado no mapa por um comprimento menor "d". A escala de representação será, portanto $E = d/D$. E pode ser expressa de maneira numérica e/ou graficamente.

É importante notar que a escala não é a mesma em todo o mapa. Nos mapas de "escala grande" (que representam áreas pequenas) essa variação pode não ser muito significativa, mas nos mapas em que houve muita redução, como os regionais ou mesmo continentais, a escala varia bastante ao longo da sua superfície.

---

1. Ou seja, se determinado trajeto, no terreno, é três vezes mais comprido do que outro. Na representação esta proporção deve ser mantida.

Outro aspecto importante que deve ser considerado sobre a escala é o seu uso. Isto é, o que determina qual escala deve ser usada é a finalidade dada ao mapa. Para definir um roteiro de viagem que atravesse vários estados brasileiros, pode-se usar um mapa rodoviário com uma escala por volta de 1: 2.000.000. Porém, para observar detalhes desse percurso deve-se conseguir um mapa com escala maior, isto é, com menor redução. Neste caso, aumentam-se os detalhes e diminui-se a área abrangida pelo mapa. Essa relação entre escala, área abrangida no mapa e detalhes representados é fundamental no entendimento da noção de escala.

Os cartógrafos chamam de generalização cartográfica a relação entre a escala e a quantidade de detalhes do mapa: quanto menor a escala, menos detalhes (maior generalização), quanto maior a escala, mais detalhes (menor generalização).

Em cursos para professores, e mesmo com alunos do ensino fundamental, peço que apanhem diversos atlas, abram o primeiro no planisfério político e os demais em mapas políticos da América, da América do Sul, do Brasil, da Região Sudeste (ou outra) e no mapa de uma região metropolitana. Os mapas devem ser colocados um ao lado do outro, para facilitar a comparação entre eles. Então pergunto: "Do primeiro para o último mapa dessa sequência, o que acontece com as áreas abrangidas? E com os detalhes representados, tais como cidades, rios, estradas?" As respostas sugerem o que já foi conceituado como generalização cartográfica.

Em alguns materiais didáticos são sugeridos procedimentos como o uso de um instrumento (cabo de vassoura, por exemplo) ou passos para medir os comprimentos da sala, depois estabelece-se

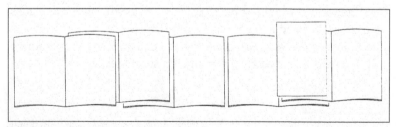

Ilustração com mapas na sequência acima.

uma relação entre esses instrumentos e outros: um cabo de vassoura (usado para medir a sala) corresponde a um palito de fósforo (no papel). A relação estabelecida, no entanto, não serve para introduzir a noção de escala, porque não estabelece uma proporção. Para que essa noção se estabeleça, é preciso saber quantos palitos de fósforos correspondem a um cabo de vassoura. Portanto, em lugar de facilitar, esses procedimentos acrescentam relações impróprias à escala. Pode-se, ainda, usar uma trena, mas é preciso garantir que os alunos operem com segurança o sistema métrico.

A noção de escala pressupõe a de proporção (linear e área). Aqui, os estudos de Piaget ajudam muito. Nos desenhos infantis, conforme apontado no capítulo 8, a proporção aparece a partir dos 9 anos – em países onde os conteúdos relativos à representação do espaço são ensinados desde as séries iniciais. A iniciação, então, à escala precisa apoiar-se em aquisições já garantidas pelas relações topológicas para avançar no estabelecimento de relações projetivas e euclidianas.

A criança precisa perceber que é possível isolar o comprimento de uma parede, por exemplo, e reduzi-lo de maneira proporcional. A "redução" significa divisão ou sucessivas subtrações da mesma quantidade, daí que a noção de número e as operações com quantidades também devem estar garantidas.

Então, como ensinar escala?

A atividade proposta é a construção de uma planta baixa com o uso de um barbante. Os alunos devem medir as paredes da sala com um fio de barbante, que será dobrado ao meio, sucessivamente, até que caiba em uma folha de papel manilha (ver ALMEIDA, R.D., PICARELLI, A., SANCHEZ, M.C. *Atividades cartográficas*). Ao contar em quantas partes o fio foi dobrado, os alunos terão o equivalente ao número de vezes em que o comprimento da parede foi reduzido. Todas as demais medidas deverão ser obtidas por meio do mesmo procedimento, de modo que a sala e todos os objetos sofram a mesma redução, mantendo as mesmas relações de proporção. A escala da planta corresponderá ao número de vezes que os comprimentos foram reduzidos. A redução corresponde às medidas lineares do mapa, porém a área que ele abrange sofre uma redução ao quadrado (lado x lado).

Alunos de uma classe de 4ª série.

Fica claro que o uso de um fio é mais apropriado para o aluno perceber a relação entre a medida real e a correspondente no papel, uma vez que ele estará usando um instrumento contínuo (não fracionado) para obter uma medida linear e contínua. A fragmentação desse instrumento em partes proporcionais será feita pelo próprio aluno, para que ele possa entender a relação de proporção existente entre a medida real e a medida posta no papel.

A planta obtida em escala permite reconstruir a sala real em suas verdadeiras proporções. Ela deve ser comparada com as formas de representação anteriormente obtidas (desenho, maquete e planta em celofane).

Ao se utilizar o barbante para a feitura da planta, a escala foi tratada como redução proporcional dos comprimentos. No entanto, a escala do mapa envolve também outros aspectos. O aluno aprenderá esse conceito comparando mapas de uma mesma área, em diferentes escalas, nos quais perceba a variação no grau de detalhes observáveis. Com isso, dá-se conta de que a escala do mapa não serve apenas para calcular distâncias. Seu domínio verifica-se quando o aluno sabe qual escala é adequada para o uso que deseja dar ao mapa.

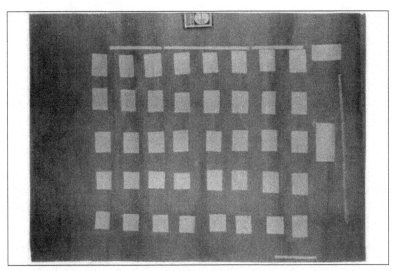

Foto da planta.

Para chegar a esse domínio, o aluno deve se defrontar com o problema da escolha da escala do mapa. Por exemplo, o estudo de uma microbacia exige o uso de um mapa em "escala grande", já o estudo de indicadores de desenvolvimento para os países do terceiro mundo deve ser feito em mapas de "pequena escala".

Retomando as atividades desenvolvidas com os alunos de 4ª série, quando as plantas foram fixadas na lousa e a discussão teve início, perguntei por que eram iguais, se foram feitas por grupos diferentes. Eles logo responderam que elas "foram medidas com o barbante". Pareceu-me que haviam entendido que todas as medidas foram reduzidas igualmente, e que as plantas eram igualmente proporcionais à sala de aula. Perguntei o que aconteceria se o barbante tivesse sido dobrado mais uma vez. Uma aluna respondeu que a sala ficaria menor. Perguntei como ficaria. Ela respondeu que ficaria 1/32 e o tamanho seria a metade. Mostrei que se essa redução continuasse, isto é, fosse para 1/64, depois 1/128 etc., o tamanho dos objetos ficaria cada vez menor, até que desaparecessem.

Passei, depois, a discutir como os objetos foram representados: "Está claro, nessa planta, que os retângulos representam as carteiras?

Quer dizer, se um aluno de outra classe visse essa planta ele saberia que os retângulos são as carteiras?" Foi retomada, assim, a discussão sobre legenda. Uma aluna ofereceu-se para ir à lousa e representar as carteiras. Escreveu "carteiras" e desenhou uma fila de carteiras. Perguntei se apenas uma carteira desenhada não seria suficiente. Ela disse que não "porque precisa mostrar que não é só uma, mas muitas carteiras". Na aula seguinte, perguntei: "Quantas vezes os comprimentos foram reduzidos?" Responderam: "Dezesseis". Escrevi 1/16 na lousa. "Os comprimentos das carteiras também foram reduzidas 16 vezes. Então, quantas carteiras de papel nós vamos precisar para refazer novamente uma carteira?" Alguns alunos fizeram contas e arriscaram vários resultados. Fiz o cálculo na lousa: "são 16 para o comprimento e 16 para a largura, então 256 carteiras de papel correspondem a uma carteira da sala". Os alunos perceberam que a escala indica a redução da distância e não da área. "Agora, procurem um mapa no livro e vejam qual é a escala dele". Uma aluna acha, em um atlas, um planisfério, e ao ver a escala exclama: "Nossa!", mas não conseguiu ler o número, por este ser muito grande.

Em seguida, solicitei à mesma aluna da aula anterior que refizesse na lousa a proposta de legenda para carteira. Ela desenhou diversas carteiras na legenda. Perguntei: "Quantas carteiras você precisa colocar na legenda para saber que esse retângulo representa as carteiras?" "Umas três…" Outra menina arrematou: "Coloca só as seis da frente". Pedi o atlas emprestado e mostrei que, no mapa de recursos minerais do Brasil, apenas uma bolinha cinza aparece na legenda representando o alumínio, mas no mapa havia 13 bolinhas, uma em cada local onde ocorria extração de alumínio. Então, uma aluna afirmou: "Aí no mapa pode colocar só uma, mas na sala coloca 36". Continuei: "Você acha que eu tenho que colocar 36 carteiras na legenda?" "Não, você escreve 36 e desenha uma". "Fiz na lousa o sugerido pela aluna". Mas ainda insisti: "Mas se eu contar as carteiras na planta eu já fico sabendo quantas tem, e não preciso escrever na legenda". Ela retruca: "Coloca aí (na legenda), daí não precisa contar".

Ao final dessa aula, os alunos fizeram perguntas sobre como eram feitos os mapas antigos, de onde vinham os rios, por que o mar é salgado, entre outras. A aula terminou com uma conversa sobre esses assuntos.

Na 5ª série, a princípio, houve um pouco de confusão porque todos os grupos começaram medindo a mesma parede. Quando os alunos perceberam a sequência – medir, dobrar, marcar e traçar no papel – engrenaram no trabalho sem dificuldades. Constataram, por tentativa e erro, que a escala deveria ser 1:16. Quando as plantas ficaram prontas, cada grupo colou a sua na lousa.

Eram dez plantas em papel manilha. Pedi aos alunos que fizessem as seguintes observações: as plantas eram iguais? Havia algum detalhe diferente em alguma delas? Como a sala de aula ficou representada nessas plantas? A primeira constatação foi a de que, em todas as plantas, os objetos estavam com o mesmo tamanho e no mesmo lugar; além disso, a sala de aula ficou diferente do que ela é porque "as carteiras ficaram uns quadradinhos". "Por que isso aconteceu?" "Porque nós medimos só a parte de cima delas". "Como podemos mostrar que os quadradinhos representam as carteiras?" "Escrevendo 'carteira' no quadradinho".

Mais adiante, perguntei: "Por que a lousa ficou uma linha e não um quadradinho como as carteiras?" "Porque olhando de cima a gente vê um risco onde está a lousa".

Depois, pedi aos alunos que abrissem o caderno de mapas e procurassem como estavam escritos os nomes "das coisas". Perceberam que o nome estava sobre ou ao lado dos elementos representados (como os rios e as cidades) e que a forma como foram representados (figuras, linhas, cores) estava escrita ao lado. Salientei que isso é chamado de legenda. Perguntei, então, como deveria ser a legenda da sala de aula. Foram feitas diversas sugestões, até que um aluno desenhou, na lousa, os símbolos correspondentes às carteiras, ao armário, à mesa da professora, às lousas, à porta e às janelas. Os princípios para entender um mapa estavam estabelecidos.

DO DESENHO AO MAPA

Como conclusão, foi reservada para este capítulo a apresentação de uma sequência de desenhos da sala de aula, extraídos do trabalho com alunos das 4ᵃˢ e 5ᵃˢ séries[1] citadas anteriormente. Nesses desenhos pretendo destacar as transformações que os aproximam do conceito de mapa. Na verdade, este capítulo traz uma retomada dos anteriores, buscando as relações que dão sentido ao título do livro *Do desenho ao mapa*.

Volto, portanto, ao início do livro: quais as diferenças entre o desenho do aluno de Barretos e um mapa?

Como representação do espaço, aquele desenho pode ser um *mapa de criança*. Um mapa, porém, é uma representação de outra ordem, que conserva relações precisas com a superfície da Terra. Para situar melhor as diferenças entre o *desenho do espaço* e o mapa, construí um quadro comparativo. Para o desenho do espaço, foi considerado o nível do realismo visual, por ser o mais avançado.

O desenho do espaço, portanto, mantém importantes diferenças com relação ao mapa. Como estabelecer aproximações entre ambos?

Ao longo de alguns anos de trabalho, em diversas oportunidades, mas, principalmente em pesquisas na área de educação, fui estruturando estas atividades de ensino destinadas à iniciação cartográfica. As atividades que proponho, porém, não têm significado em si mesmas. Este significado lhes é dado pela fundamentação teórica

---

1. Pesquisa que fez parte da minha tese de doutoramento, apresentada na Faculdade de Educação, da Universidade de São Paulo.

Comparação entre o desenho do espaço e o mapa

	Desenho do espaço	Mapa
Localização	Situa os objetos uns em relação aos outros.	Situa os objetos com base nas coordenadas geográficas (latitude e longitude.)
Redução proporcional	Os objetos são reduzidos por comparação: o que é grande no terreno aparece grande no desenho, o que é pequeno também aparece pequeno no desenho.	Definida pela *escala*: todas as distâncias sofreram a mesma redução (nos mapas de grande escala, pelo menos).
Projeção	Há diversas perspectivas, com ocorrência de objetos rebatidos, desdobrados, vistos a 90° ou a 45°.	Projeção ortogonal dos pontos do terreno no papel. A superfície da Terra é projetada sobre o plano usando-se projeções cartográficas. As altitudes são projetadas por meio de curvas de nível.
Simbologia	Representação pictórica, com predomínio de equivalentes analógicos.	Uso de convenções ou da semiologia gráfica.

na representação do espaço. Daí que, se um professor repetir as mesmas atividades sem saber os porquês, não conseguirá grandes progressos com seus alunos.

Para facilitar esse entendimento, apresento um quadro que relaciona as atividades e seus respectivos conhecimentos relativos à representação do espaço (p. 101).

Neste ponto, a questão que emerge é avaliar a influência desta proposta de trabalho na construção do conceito de mapa. Com esse objetivo, realizei a pesquisa com alunos de 4ª e 5ª séries, a qual foi assim organizada:

1ª fase – Avaliação inicial, por meio de desenho da sala de aula em duas situações:

– desenho da sala de aula vista de cima, em uma folha de papel em branco;

– desenho da sala de aula vista de cima, em uma folha de papel com o plano de base (um retângulo, que corresponde à projeção das paredes no plano horizontal).

2ª fase – Desenvolvimento das atividades de ensino.

3ª fase – Avaliação final, por meio de desenho da sala de aula nas mesmas situações da 1ª fase.

Atividade	Conhecimentos relativos à representação do espaço
Mapa do corpo	– projeção dos referenciais frente-atrás e direita-esquerda – lateralidade – organização do espaço gráfico – referenciais de localização no plano – localização e orientação espacial
Determinação de quadrantes na sala de aula	– referenciais espaciais topológicos – referenciais frente-atrás e direita-esquerda
Relógio de Sol (*gnomon*)	– referenciais geográficos de localização – coordenação de sistemas de localização
Simulação do movimento de rotação da Terra	– referenciais geográficos de localização (no local) – referenciais geográficos no globo terrestre – coordenação de sistemas de localização – coordenação de perspectivas
Maquete da sala de aula	– localização – proporção – coordenação de diferentes pontos de vista – projeção no plano – desenvolvimento de equivalentes tridimensionais
Projeção da maquete no papel celofane	– ponto de vista vertical – coordenação de diferentes pontos de vista – legenda – projeção ortogonal a partir do ponto de vista vertical
Planta com barbante	– construção da medida – proporção – conservação de distância – conservação de comprimento – conservação de superfície

Os alunos foram orientados para observar a sala de aula e imaginar como a veriam se pudessem tirar o teto e ver do alto. Deveriam fazer, então, um desenho conforme tivessem imaginado.

Tomando como base estudos sobre a representação do espaço, defini estes critérios para análise dos desenhos:

- a *localização* dos objetos no desenho, que pode ser de uns objetos em relação aos outros, ou, em nível mais avançado, em relação a referenciais fixos;
- a *perspectiva* (ponto de vista) assumida no desenho;
- a *proporção* entre os elementos representados, e entre estes e os reais;
- a *simbolização,* como a habilidade de estabelecer equivalentes gráficos.

A análise dos desenhos produzidos para a avaliação inicial, portanto, antes da realização das atividades de ensino, levou-me a agrupá-los em três conjuntos:
1) Representações tipicamente topológicas, nas quais os objetos aparecem dentro do prédio escolar (envolvimento), mas apenas justapostos no espaço;
2) Representações com início de relações projetivas e euclidianas, localização correta dos objetos, sob diferentes pontos de vista;
3) Representações projetivas e euclidianas, na qual se vê a conservação de ponto de vista em alguns objetos da mesma categoria (carteiras, por exemplo) ou em todo o desenho.

Adiante, apresento, respectivamente, exemplos desses conjuntos de desenhos.

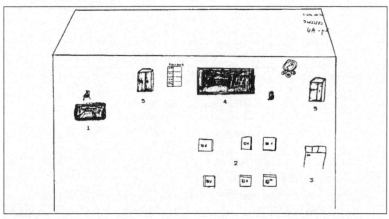

Desenho 1.

Neste desenho, os objetos não guardam uma posição que corresponda àquela que ocupavam na sala de aula. Quanto à perspectiva, a mesa (1) e as carteiras (2) estão vistas de cima. A porta (3) e a lousa (4) estão rebatidas. Já os armários (5) aparecem sob uma perspectiva oblíqua, com um desdobramento dos lados e da parte de cima, o que apresenta uma ideia tridimensional. Os objetos estão desenhados sobre um plano que não é o do chão, pois a criança fez o telhado, indicando que os objetos estão *dentro* da sala, o que caracteriza a relação topológica de envolvimento. Nota-se a ausência de elementos como janelas, mais uma lousa e as demais carteiras, bem como a mistura de pontos de vista. Esse desenho é tipicamente topológico, pois os objetos aparecem isoladamente, sem qualquer relação com a posição que ocupam na sala.

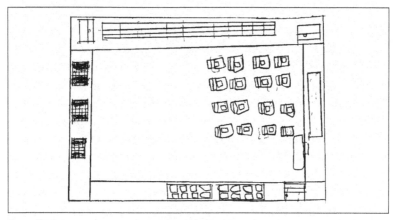

Desenho 2.

Este é o melhor exemplo de desdobramento que encontrei. O aluno desdobrou as paredes em torno do plano de base e projetou, na superfície de cada uma delas, os objetos vistos de frente, na posição que ocupavam. Sobre o plano de base aparecem as carteiras vistas de cima com o encosto das cadeiras rebatido. A mesa da professora também está vista de cima. O desdobramento da sala indica um avanço quanto às relações projetivas, contendo traços do realismo visual.

103

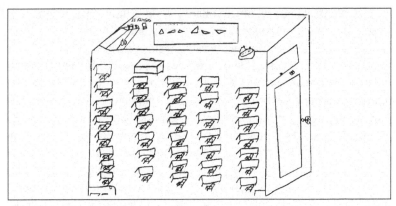

Desenho 3.

Esta é uma das soluções mais coerentes para a vista de cima – a representação dos objetos sob um ângulo de 45°. Nota-se que as carteiras e mesas estão sob essa perspectiva, que procura ser conservada na projeção do armário e das paredes. Houve uma certa perda da perspectiva na mesa da professora e nas lousas. Considero este desenho muito avançado, pois atende ao que foi solicitado (visto de cima) sem perda de informação para localização e tamanho dos objetos.

A comparação dos desenhos da avaliação inicial com aqueles da avaliação final foi feita por métodos estatísticos, que indicaram tanto um desempenho superior na avaliação final, quanto um avanço significativo dos alunos que participaram das atividades de ensino em relação àqueles que não participaram.

Foi constatado, ainda, que a localização é a primeira aquisição dos alunos. Além disso, a escolaridade influi no desempenho dos alunos, pois a 5ª série, já na avaliação inicial, apresentou desenhos bem avançados.

A sequência de desenhos da sala de aula (sem e com plano de base) foi repetida no final das atividades de ensino. Esses desenhos revelaram alguns aspectos interessantes.

Para que se tenha uma ideia da evolução da representação do espaço, selecionei, como exemplo, os desenhos de uma mesma criança. Nos dois desenhos da avaliação inicial a representação é topológica, mas naqueles da avaliação final a criança chegou a produzir uma planta baixa.

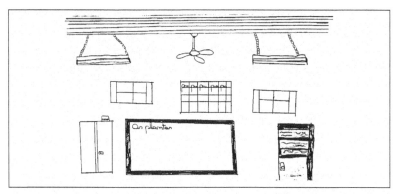

Desenho 4.

Vê-se a parede da frente desenhada sob o ponto de vista do fundo da sala, na qual os objetos estão projetados, são objetos que estavam nesse plano, exceto a porta, que, quando aberta, era vista na posição que aparece no desenho. Este aluno também incluiu o teto com o ventilador e os lustres, os quais não seriam vistos se observados de cima. Faltam os demais elementos da sala de aula: carteiras e mesa da professora.

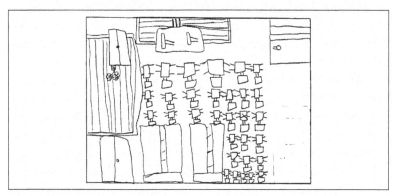

Desenho 5.

Este desenho é mais evoluído que o anterior, indicando o início do realismo visual, porém ainda com traços do realismo intelectual, como a sobreposição de planos. Veja-se o armário tombado de ponta-cabeça

105

sobre a lousa (lado esquerdo), que foi rebatida sobre o plano de base. Um arranjo semelhante aparece na mesa. A porta, as janelas e o armário do fundo foram rebatidos também. As carteiras aparecem com desdobramento dos pés e rebatimento do encosto das cadeiras.

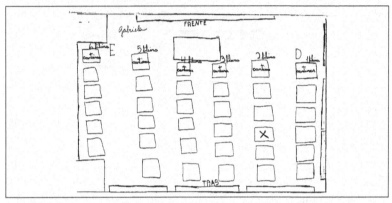

Desenho 6.

Nota-se, nesse desenho, uma grande evolução, pois foi feito em uma folha em branco. Todos os objetos estão projetados ortogonalmente – estão localizados corretamente, as fileiras estão numeradas, em ordem de 1 a 6, e foram registrados os lados dos quadrantes (frente-atrás e esquerda-direita). Trata-se de uma representação euclidiana e projetiva da sala de aula.

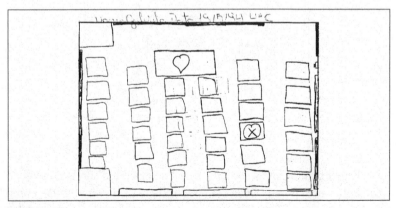

Desenho 7.

Este desenho é muito semelhante ao anterior. Os objetos estão localizados corretamente, a projeção é ortogonal e há proporção dos objetos entre si e, também, destes em relação ao plano de base. A sequência das produções deste aluno indica suas aquisições quanto à representação espacial.

O uso do plano de base impresso na folha provocou um efeito interessante. Crianças que no primeiro desenho representaram a sala de aula com relações tipicamente topológicas (como os desenhos 1 e 4), localizaram corretamente os objetos na folha com o plano de base. Como explicar?

A mudança do ponto de vista mais conhecido (visão frontal) para o ponto de vista vertical exige a substituição de uma linha por um plano de base. Questão esta já resolvida na folha entregue às crianças. A partir desse plano, parece-me que, em primeiro lugar, elas estabeleceram uma relação entre a linha de base de cada parede da sala e os lados correspondentes do plano de base. Daí, as crianças puderam reestabelecer relações topológicas de vizinhança e ordem entre os objetos, situando, de início, os objetos fixos de cada parede (porta e janelas) e, então, passando a localizar seus vizinhos por ordem de proximidade: lousa, mural, armários, mesas etc. Acredito ser essa a explicação para o avanço na localização de objetos.

O plano de base, no entanto, não resolve o problema da criação de novos equivalentes para janelas, porta, lousa e armários (objetos do plano vertical). Dificuldade essa não superada pelas crianças, que continuaram representando esses objetos vistos de frente (rebatidos), o que indica sua relação com a antiga linha de base. Mesmo assim, esses desenhos eram significativamente superiores aos primeiros (comparar desenhos 4 e 5).

Essa evolução rápida revela que as crianças eram capazes de um desempenho mais avançado. Lembro o comentário de Piaget e Inhelder a respeito da possibilidade de as atividades escolares desafiarem as crianças a atingirem determinados conhecimentos em idades mais precoces. Como a escola não incluía a representação do espaço em suas atividades, essa capacidade não aflorou no primeiro desenho.

Em suma, o plano de base já impresso na folha funcionou como pista para a projeção no plano.

Cabe ressaltar que diversos alunos incluíram um plano de base já no primeiro desenho, o que significa a antecipação projetiva de uma superfície sobre a qual todos os objetos devam figurar. Esses alunos também desenharam as carteiras (e, às vezes, a mesa) sob o ponto de vista vertical (ver desenho 8). A percepção de como tais objetos podem ser projetados sobre o plano de base é facilitada pelo fato de terem a parte de cima visível e paralela ao chão. No entanto, objetos associados ao plano vertical (janelas, lousa e porta) ainda apareceram como se vistos de frente (rebatidos sobre o plano de base), indicando que as crianças não conservaram o ponto de vista.

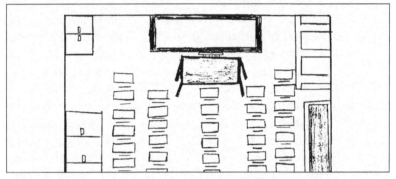

Desenho 8.

Este é um exemplo de desenho no qual o aluno já incluiu o plano de base desde o início, mantendo, porém, a perspectiva de cima apenas para as carteiras; as pernas da mesa foram desdobradas e os demais objetos rebatidos.

Para saber se as produções dos alunos correspondiam às novas aquisições na representação espacial, entrevistei alguns deles. Na entrevista, questionei aspectos dos desenhos, abordando a localização, o tamanho dos objetos e, principalmente, as formas de representação do ponto de vista.

As perguntas sobre localização (primeira aquisição das crianças) foram respondidas com facilidade. A resposta mais comum foi a de que localizaram os objetos "olhando a sala". Como exemplos, selecionei as seguintes respostas:

DA (10,1): "Vi se eu tava na direita ou na esquerda e contei as carteiras, 1ª carteira."

AN (11,11): "Eu fui contando as carteiras, qual fila era cada uma; o armário, onde se localizava, a mesa da professora, a lousa, assim…"

MA (11,9): "Olhei como se eu estivesse de cima, percebendo cada um no lugar e desenhava na folha."

Também procurei saber como os alunos relacionavam o tamanho real dos objetos com aquele representado no desenho (proporção). Nas respostas, reconheciam que havia uma diferença, e que os tamanhos dos objetos no desenho não correspondiam àqueles da sala de aula, vejam-se as seguintes falas:

DA (10,1): "A lousa está maior e a porta deveria ser maior."

VI (10,6): "Não, eu fiz um pouco menor, as carteiras tinham que ser maiores."

PA (11, 7): "Não está. Porque na classe a lousa cobre toda a classe e aqui não."

FLA (10,11): "A mesa da professora ficou menor que as carteiras. Por quê?"

"Eu pensei que não ia dar para eu desenhar muito grande."

Notei que a relação de proporção não estava clara. Por exemplo, no desenho, as carteiras e a mesa da professora eram proporcionais entre si, mas estavam muito pequenas em relação ao plano de base. Este deveria determinar o tamanho dos objetos, de maneira que mantivessem entre si as mesmas proporções que mantêm na sala de aula. Justamente esse encaixe de tamanhos proporcionais – plano de base/objetos – não apareceu na maior parte dos desenhos da avaliação inicial.

A representação do ponto de vista de cima foi discutida usando o desenho inicial e o final (sem e com plano de base). Na entrevista, eu apontava um mesmo objeto nos dois desenhos e pedia ao aluno para justificar a mudança. Eis alguns exemplos:

DA (10,1): "O que não está sendo visto de cima, neste desenho?" Isto, o armário eu fiz com a porta aberta e olhando de cima eu não ia

ver isto e a chave, eu fiz esta caixa de desligar (o ventilador) e não ia dar para ver... "Como você descobriu isso?" Agora eu sei mais como desenhar a classe vista de cima do que antes. – O que aconteceu que agora você sabe desenhar a classe vista de cima? – Eu sei localizar olhando na minha carteira certa, aqui direita-esquerda, eu sei imaginar mais,... isso aqui foi depois que eu fiz a maquete e eu vi, eu acho que eu sei melhor." NAT (10,2): "Por que você acha que este desenho (inicial) não está mostrando a sala de aula vista de cima? "Porque não dá pra ver igual aqui." O quê não aparece? "Todas as carteiras, a mesa, não aparece assim." Por que você fez o primeiro desenho deste jeito? "Porque eu não sabia." E como você ficou sabendo? "Por causa da maquete... quando eu pus a maquete assim e vi de cima."
JC (11,3): "Por que você fez o segundo desenho diferente do primeiro?" Eu olhei de cima para baixo... "E no primeiro não?" Aí eu desenhei como se eu estivesse dentro da classe. "Você não sabia como desenhar vendo de cima?" Não, eu acho que um pouquinho só. – E, como você ficou sabendo? – Acontece que para imaginar de cima para baixo, a gente tinha que fazer um pedacinho só da lousa, não precisa desenhar inteiro, porque daí se a gente fosse desenhar inteiro ia estar deitado. Só que não está deitado, é como aqui, ó, as carteiras, a mesa, a lousa, a janela... qui nem aqui ó a porta tá assim porque ela tá deitada. – Como você percebeu isso? – É só você imaginar de olhar de cima para baixo, você vai vê um pedacinho assim pequenininho..."

Diversas crianças citaram que foi no trabalho com a maquete que perceberam como deveriam desenhar a sala vista de cima. Disseram que na maquete só dá pra ver de cima. Eles perceberam uma propriedade desse modelo: por ter os lados fechados, impede a visão de seu interior por outros ângulos.

Ora, quando um aluno diz que, ao ver a sala de aula de cima, só pode ver uma parte dos objetos (a de cima) e um pedaço de outros (o batente da lousa, por exemplo), podemos dizer que estabeleceu relações projetivas e não mais topológicas. Quer dizer, pode pensar, simultaneamente, mais de um sistema (visto de cima/visto de frente), pois se iniciou um tipo de pensamento que o prepara a axiomatização do espaço.

Desenhos do espaço são reveladores das aquisições das crianças quanto à representação espacial. Como sistema de representação, esses desenhos podem ser instrumento valioso para professores que saibam interpretá-los.

BIBLIOGRAFIA

ALMEIDA, R. D. & PASSINI, E. Y. *Espaço geográfico: ensino e representação*. São Paulo: Contexto, 1989.

ALMEIDA. R. D. *Uma proposta metodológica para o ensino de mapas geográficos*. São Paulo: FEUSP, 1994 (tese de doutorado).

ALMEIDA, R. D., PICARELLI, A., SANCHEZ, M. C. *Atividades cartográficas*. São Paulo: Ed. Atual, 1996.

BOCZKO, R. *Conceitos de astronomia*. São Paulo: Edgar Blücher, 1984.

BRASIL. SEF. *Parâmetros curriculares nacionais: Geografia*. Brasília: MEC/SEF, 1998.

BRINGUIER, J. C. *Conversando com Jean Piaget*. Trad. Maria José Guedes. São Paulo: DIFEL, 1978.

BROWN, Lloyd A. *The Story of Maps*. New York: Dover Publications, Inc, 1979.

DREYER-EIMBCKE, O. *O descobrimento da terra*. São Paulo: Melhoramentos/Edusp, 1992.

FERREIRO, E. & TEBEROSKY, A. *Psicogênese da língua escrita*. Trad. Diana M. Lichtenstein, Liana Di Marco e Mário Corso. Porto Alegre: Artes Médicas, 1986.

FREINET, C. (1977). A aprendizagem do desenho. In: _____. *O método natural*. Trad. Franco de Souza e Teresa Balté. Lisboa: Editorial Estampa. vol. II. (Biblioteca de Ciências Pedagógicas, 13).

GOODNOW, Jacqueline. *Desenho de crianças*. Trad. Maria Goreti Henriques. Lisboa: Moraes Editores, 1979.

LIBAULT, A. *Histoire de la Cartographie*. Paris: Chaix, s/d.

_____. *Geocartografia*. São Paulo: Companhia Editora Nacional/ Edusp. (Biblioteca Universitária. Série 6ª – Geografia e História, v. 1), 1975.

LUQUET, G. H. *Le dessin enfantin*. Paris: Librairie Félix Alcan, 1935.

LURÇAT, L. *El niño y el espacio*; la función del cuerpo. Trad. Ernestina C. Zenzes. México, Fondo de Cultura Económica. (Biblioteca de Psicologia e Psicoanálisis), 1979.

OLIVEIRA, Lívia de. *Estudo metodológico e cognitivo do mapa*. São Paulo, Instituto de Geografia/Universidade de São Paulo. (Série Teses e Monografias, 32). Tese de livre docência, apresentada no Departamento de Geografia e Planejamento do Instituto de Geociências e Ciências Exatas da UNESP de Rio Claro, 1978.

PÊCHEUX, Marie-Germaine. *Le développement des rapports des enfants a l'espace*. Paris: Editions Nathan. (Collection Nathan-Université. Série Psychologie), 1990.

PIAGET & INHELDER. B. *A representação do espaço na criança*. Trad. Bernardina Machado de Albuquerque. Porto Alegre: Artes Médicas, 1993.

PILLAR, A. D. *Desenho e construção do conhecimento na criança*. Porto Alegre: Artes Médicas, 1996.

_____. *Desenho e escrita como sistemas de representação*. Porto Alegre: Artes Médicas, 1996.

RAISZ, E. *Cartografía General*. Trad. José María Mantero. Barcelona: Ediciones Omega, 1953.

SANTOS, M. Materiais para o estudo da urbanização brasileira no período técnico científico. *Boletim Paulista de Geografia*, nº 67, p. 5-16, 1º sem., 1989.

SÃO PAULO (Estado), SEED-SP. *Proposta Curricular para o Ensino de Geografia*; 1º grau. São Paulo, SE/CENP, 1988.

TELMO, I. C. *A criança e a representação do espaço*; um estudo do desenvolvimento da representação da terceira dimensão nos desenhos de casas feitos por crianças dos 7 aos 12 anos. Lisboa: Livros Horizonte. (Biblioteca do Educador Profissional, 99), 1986.

VYGOTSKY, L. S. *A formação social da mente*. Trad. José Cipolla Neto, Luis Silveira Menna Barreto e Solange Castro Afeche. São Paulo: Martins Fontes. (Coleção Psicologia e Pedagogia – Nova Série), 1988.

WADSWORTH, B. J. *Inteligência e afetividade da criança na teoria de Piaget*. Trad. Esméria Rovai. São Paulo: Editora Pioneira. (Biblioteca Pioneira de Ciências Sociais. Educação), 1993.

LEIA TAMBÉM

ESPAÇO GEOGRÁFICO
Ensino e representação

Elza Passini e *Rosângela Doin de Almeida*

As crianças nem sempre compreendem os conceitos espaciais usados pelos adultos, principalmente aqueles emitidos na escola. Como então, ensinar conceitos relativos à noção de espaço e de que forma representá-los com os alunos do Primeiro Grau? Para enfrentar este desafio, as experientes autoras de ESPAÇO GEOGRÁFICO: ENSINO E REPRESENTAÇÃO propõem uma trajetória de ensino que se inicia com a apreensão espacial do próprio corpo da criança e desemboca na boa leitura e eficiente elaboração de mapas por parte dos alunos. Para reforçar a aprendizagem, sugerem uma série de atividades minuciosamente descritas, que resgatam as vivências espaciais das crianças. Obra indicada para professores de todas as séries de Primeiro grau e estudantes de Geografia e Magistério, além de profissionais de outras áreas interessados em desenvolver a noção de espaço no trabalho com crianças.

CADASTRE-SE
EM NOSSO SITE,
FIQUE POR DENTRO DAS NOVIDADES
E APROVEITE OS MELHORES DESCONTOS

LIVROS NAS ÁREAS DE:

História | Língua Portuguesa
Educação | Geografia | Comunicação
Relações Internacionais | Ciências Sociais
Formação de professor | Interesse geral

ou
editoracontexto.com.br/newscontexto

Siga a Contexto
nas Redes Sociais:
@editoracontexto